U0747553

中国时尚产业发展蓝皮书 2022

陈文晖　熊兴　主编

THE BLUEBOOK ON THE DEVELOPMENT OF
FASHION INDUSTRY IN CHINA 2022

中国纺织出版社有限公司

图书在版编目（CIP）数据

中国时尚产业发展蓝皮书 . 2022 / 陈文晖，熊兴主编 . -- 北京 ：中国纺织出版社有限公司，2022.12
ISBN 978-7-5180-1825-3

Ⅰ . ①中… Ⅱ . ①陈… ②熊… Ⅲ . ①轻工业 - 产业发展 - 研究报告 - 中国 - 2022 Ⅳ . ① F426.8

中国国家版本馆 CIP 数据核字（2023）第 030457 号

责任编辑：余莉花　　　　特约编辑：朱昭霖
责任校对：王花妮　　　　责任印制：王艳丽

中国纺织出版社有限公司出版发行
地址：北京市朝阳区百子湾东里 A407 号楼　邮政编码：100124
销售电话：010 — 67004422　传真：010 — 87155801
http: //www.c-textilep.com
中国纺织出版社天猫旗舰店
官方微博 http: //weibo.com/2119887771
北京华联印刷有限公司印刷　各地新华书店经销
2022 年 12 月第 1 版第 1 次印刷
开本：787×1092　1/16　印张：11
字数：221 千字　定价：298.00 元

《中国时尚产业发展蓝皮书 2022》编写组

主编

陈文晖　　熊　兴

副主编

王婧倩　　刘雅婷

各专题撰稿人（按姓氏拼音排序）

陈文晖　丛　政　惠露露　霍荣华　李虹林
李　霞　刘　慧　刘雅婷　刘玉玲　汤　露
王婧倩　汪云兴　熊　兴　赵　晶　郑治民
邹玲玲

　　2022年是我国进入全面建设社会主义现代化国家、向第二个百年奋斗目标进军新征程的重要一年，也是党的二十大顺利召开之年。面对国内外前所未有的复杂形势，我国时尚产业保持着良好发展势头，深度融入"双循环"新发展格局，不断推进制造体系建设，把握数字经济的发展机遇，有效破解了国际产业格局调整带来的风险和困难，在新格局中开辟了新局面，为新格局贡献了新作为。

一、选题意义与背景

　　2021年，我国经济发展因疫情受到较大影响，时尚产业发展还需要直面产业链、供应链等领域长期存在的短板和压力。因此，深入分析服装服饰、珠宝首饰、化妆品、文化创意、消费电子、时尚传播等相关行业的运行状况，剖析时尚产业发展存在的问题，对我国时尚产业的未来发展具有长远意义。

　　2022年，面对错综复杂的国际环境和艰巨繁重的国内改革发展稳定任务，我国各行各业统筹疫情防控和经济社会发展，统筹发展和安全，加大宏观调控力度，应对超预期因素冲击，保持了经济社会大局稳定。

　　紧扣2022年，要求我们充分把握时尚产业数字化转型发展态势，深刻剖析数字化新生态、数字化新消费、数字化新技术、数字经济园区建设与我国时尚产业融合发展面临的机遇与挑战，总结细分行业和重点区域的发展经验，为我国时尚产业高质量发展提供参考建议。

二、研究框架

本报告以"数字经济与中国时尚产业发展"为主题，首先回顾了2020-2021年我国时尚产业发展取得的成绩与存在的问题，深刻剖析了数字经济背景下我国时尚产业的发展内涵与要义，从专题研究、区域创新、发展趋势三个维度提出未来我国时尚产业发展的战略方向与具体举措。报告共分为五篇十一章。

第一篇为年度报告。综述2020-2021年我国时尚产业发展的总体态势，结合行业发展面临的机遇与挑战，剖析了七个细分行业的运行情况，围绕"数字经济"这一主题，展望未来中国时尚产业的发展势态。

第二篇为主题报告。系统分析了数字经济对时尚产业的影响及作用机理，细致梳理了我国时尚产业数字化发展现状、问题及成因，明确提出数字经济背景下我国时尚产业发展战略。

第三篇为专题研究。分别以数字化新生态、数字化新消费、大数据技术、数字经济园区为专题，重点分析数字经济背景下我国时尚产业及其相关行业的转型升级态势，进一步提出未来发展的路径与举措。

第四篇为区域创新。分别以北京、上海和深圳三个城市为研究对象，梳理各自时尚产业数字化发展经验，研究不同城市打造数字化园区、数字化消费平台与时尚之城建设的机遇与挑战，为三个城市在数字经济浪潮下实现时尚产业高质量发展提出具体思路与相关举措。

第五篇为发展趋势。分别以AI数字平台和智能制造为研究对象，结合我国时尚产业在上述领域的探索与实践，提出未来人工智能与时尚产业的融合发展趋势以及纺织智能制造与绿色生产的发展重点。

三、创新与特色

本报告创新与特色主要体现在以下三个方面：

（一）紧扣经济全球化重构与数字经济发展的时代背景

供应链变化。当前，全球纺织服装产业链面临诸多挑战，如原材料成本上涨、停工停产导致生产中断以及物流运输阻塞等。我国纺织服装供应链需要向更加灵活、快速、可持续的方向转型，未来将呈现"核心供应商集中，采购来源国家分散"的趋势，改变此前高度依赖离岸外包的采购模式。

数字技术变革。当今数字技术已成为全球社会经济发展的基础，也成为时尚产业及相关企业战略决策、市场拓展、流程重组、供应链重构和协同创新的重要生产力。数字技术与时尚产业的深度融合，是推动质量变革、效率变革、动力变革，实现可持续发展的关键路径。未来，我国时尚产业要充分提升数字技术在设计环节的趋势预测与创意生成价值，在制造环节的质量可控和自主安全价值，在营销环节的跨区域、跨平台多资源协同效率。

（二）立足时尚产业与数字经济融合发展的基础条件

设计端。数字技术将全国优质的企业设计资源和设计师资源聚拢形成设计交易平台，并利用区块链技术对平台上的版权数据进行保护。同时，利用3D量体技术、AR/VR技术等，设计师的方案能快速呈现，通过虚拟现实技术，从设计到定版时间有效缩短。

制造端。数字技术实现了对人、机、料、法、环等全要素的重构，能以低成本、易复制、能见效方式赋能服装企业数字化转型，从而降低复杂性和制造成本，有效提升企业整体利润率和竞争力。尤其是纺织服装的云上工厂，通过建立具备小批量、多批次、快生产的新型工业服装生产模式，成为拉动产业高质量发展的新增长极。

供应链端。数字经济将有效实现面料供应商、印染供应商等信息的快速整合，并引入交易平台，实现面料和辅料的线上对接交易，纺织服装供应链资源得到进一步盘活。

（三）遵循强化科技赋能与数字化引领产业的发展趋势

强化科技赋能。凭借着创新精神、以数字化为驱动的经营模式和以消费者为导向的经营思路，中国纺织服装产业链条已经从"跟随者"变成了"引领者"，材料创新和技术创新是产业链最核心的两大竞争力。未来，生物技术、新材料研发、大数据分析等技术的广泛应用将逐步推动中国时尚产业在生产工艺、生产模式、消费模式、传播模式等方面进行广泛而又深入的变革。

拥抱数字经济。数字化贯穿于时尚产业的每一个环节，为企业决策提供战略支持。目前，数字化的最大红利体现在全球时尚消费领域的强大购买力与消费者高效即时的购买选择，但时尚产业的数字化落地范围应远超于此。随着云平台、物联网、"互联网+"、大数据、AI等新技术、新理念的加速渗透，数字化将彻底引发全球时尚行业全产业链的模式变革，数字化赋能的优化落地将是我国时尚强国建设的全新动力。

本报告力求对当前中国时尚产业发展进程进行全面剖析，推动中国时尚产业的高质量发展，探索未来中国时尚产业的发展道路，为人们全面认知中国时尚产业发展提供全方位观察视角，并希冀有一定的参考价值。

本报告由北京服装学院时尚研究院组织，在编委会统一指导下编写。撰写过程中得到北京服装学院、中国纺织工业联合会有关领导与同行的大力支持，特别是从架构设计到成文、完善、定稿全过程得到北京服装学院院系和领导的悉心指导，也得到兄弟单位很多同仁的帮助，在此一并表示感谢！同时，我们也恳请广大读者提出宝贵意见，以利于后续报告的不断完善。

编者

2022 年 11 月

目　录

第一篇

年度报告

第一章　2020—2021年中国时尚产业发展综述与未来展望

2021年是我国历史上具有里程碑意义的一年，如期打赢脱贫攻坚战，如期全面建成小康社会、实现第一个百年奋斗目标。我国经济在遭受新型冠状病毒肺炎疫情等严重冲击后步入恢复发展期，伴随国内外形势的不断变化，叠加技术进步、消费多元、"双碳"目标等多种影响因素，时尚产业新特点、新现象、新趋势不断涌现。

一、2020—2021年中国时尚产业发展回顾

2021年新型冠状病毒肺炎疫情相对缓解的背景下，受强劲消费增长和资金回流的推动，全球经济复苏强劲，同时伴随通胀、涨价、债务、加息等因素，我国时尚产业在国内经济恢复良好、创新能力增强、人民生活水平提高等利好推动下，在智能科技、数字技术、消费升级、文化自信等加持下，基本保持稳中向好的发展态势。

（一）科技深度赋能时尚产业创新重塑

科技是第一生产力，同时已升级为第一创造力，我国积极推进科技强国建设，科技自立自强成为我国发展的重要战略支撑。时尚产业长期以来与科技创新联系紧密，这种联系在2021年变得尤为突出。在新型冠状病毒肺炎疫情影响下，科技创新改变了时尚的传统形态，也颠覆了时尚的表现形式以及人们的消费模式，时尚领域的新思维、新模式和新渠道不断涌现[1]，这也促进了时尚产业的复苏与平稳增长。

全球性的供应链危机促使时尚品牌间加强技术合作。在过去一年里，受新型冠状病毒肺炎疫情反复的影响，包括服装在内的全球供应链面临严峻压力，许多企业考虑将全球化变成区域化，虽然劳动力成本会增加，但供应链中断的风险和货运成本却可以大幅降低。同时，众多品牌联手共建区块链以应对全球生产供应链危机。

---

[1] WWD 国际时尚特讯."五大维度"解析时尚产业当下及未来发展趋势·科技篇[DB/OL].新浪网，2022−5−25.

数字传播技术改变时尚品牌的营销与传播方式。2021年中国电商直播用户规模为4.64亿，市场规模约为13165亿元，同比增长37%（图1-1）。受新型冠状病毒肺炎疫情影响，直播卖货、电商零售和短视频平台成为时尚品牌营销的重要渠道。同时，时尚品牌利用数字时装秀、时装短片等形式来进行营销宣传，线上渠道中的流量资本竞争也达到了白热化阶段。

大数据赋能时尚品牌进行数字化升级。Z世代消费者崛起及他们独特的消费需

图1-1　2017—2021年中国直播电商市场规模及增速

资料来源：智研咨询。

求，从通过大数据进行定制化生产到通过AI（人工智能）、AR（虚拟现实）等技术手段增强消费体验等，使科技创新对时尚产业完成了更深入的渗透。

人工智能丰富了时尚产业的业态模式。时尚产业的智能业态生成具有一定的演进特征，人工智能改变了时尚产业的创意设计、生产、分销和消费过程，重塑了时尚产业链，创新了传统的价值增值和产业划分标准，形成了改造业态、融合业态和创新业态三类新型业态模式。

科技推动可持续时尚发展。生产制造端技术革新和科技创新赋能环保转型，正为整个时尚产业带去更多的灵感和新视角。科技是第一创造力，它在改变和颠覆时尚行业游戏规则的同时，也改变了消费者对时尚行业的看法。

（二）新疆棉事件开启国货新时代

近年来我国强大的经济、科技实力为国潮国风这一"软实力"的展示提供了强有力的"硬实力"支撑。从2017年概念初立至今，国潮已经成为我国时尚产业转型升级的最大风口之一。从早期的本土设计师原创产品到中国传统文化元素的跨界合

作，国潮从一股时尚发展为一代人对本土品牌消费观念的转变，尤其是新疆棉事件催化了我国消费者对于国产品牌的关注度，加速了中国品牌的成长过程。2021年3月23日，"H&M抵制新疆棉花事件"拉开新疆棉事件序幕，耐克（Nike）、阿迪达斯（Adidas）等海外大牌纷纷表态。而国产品牌力挺新疆棉，我国消费者的爱国情怀及凝聚力进一步提升，国货品牌的购买力和关注度也进一步提升（图1-2）。

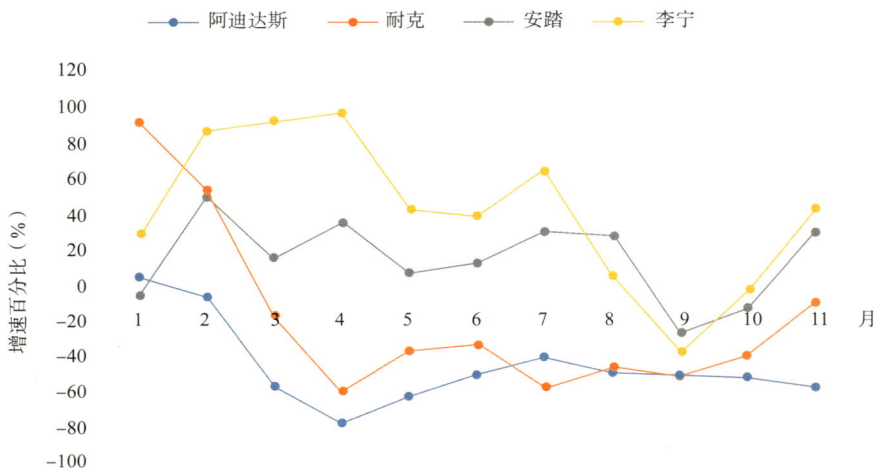

图1-2 2021年3月起中国/海外品牌天猫销量趋势对比

资料来源：百度、太平洋证券研究。

"95—00后"Z世代接替"80—90后"逐渐成为主导消费市场的中坚力量，推动了国潮的兴起和深化。年轻一代是支持与推动这股风潮蔓延的主力军，他们不再盲目崇洋，而是乐于买国货、用国货，喜爱中国传统文化，这种基于情感体验的文化认同，充分唤醒了青年内心深处对于传统文化的自豪情感。青年一代对于国潮国货持有的积极态度将成为推动国潮文化产业发展的重要因子，这种风潮也正在渐趋国际化，越来越多具有国际视野的新锐设计师开始纷纷推出融入中国元素的原创设计，着力将国潮推向世界。国际时尚圈也将中国的刺绣、盘扣、龙凤、祥云等传统元素融入自己的设计之中，中国文化正受到世界越来越多的关注与借鉴。

（三）"线上+线下"全渠道融合趋势持续

线上线下融合仍是趋势，高基数下线上高增长。2020年新型冠状病毒肺炎疫情加速了线上消费习惯的养成，就鞋服行业而言，2021年网购销售占比与2020年基本持平。

线上多元化，新平台快速兴起。兴趣类APP占据了消费者越来越多的时间，线上的流量逐步分化，小红书、抖音、快手及拼多多、得物等众多新平台快速兴起

（图 1-3）。

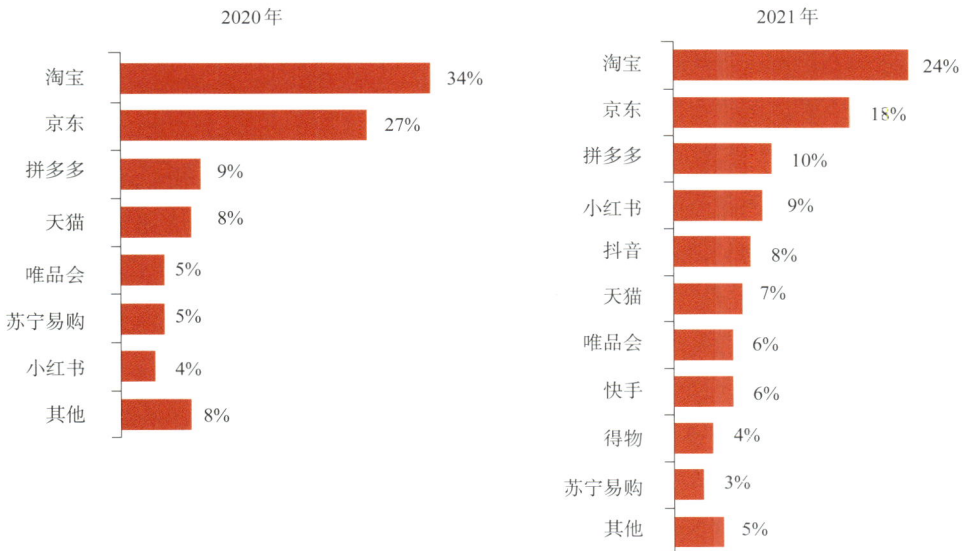

图 1-3　百度搜索近两年双十一电商平台搜索占比趋势

资料来源：中泰证券研究报告。

直播电商方兴未艾，品牌积极布局。电商直播成为服装行业重要销售方式之一。在直播过程中，可以通过弹幕和消费者互动，及时了解和反馈消费者需求，加深品牌和消费者的联系，提高黏性和转化率。直播电商市场空间广阔，直播已经成为电商市场常态化的营销方式与销售渠道，但仍有较大成长空间。据艾瑞咨询的数据显示，2021年中国直播电商市场规模超过1.3万亿元，预计2020—2023年复合年均增长率（CAGR）为58.3%，2023年直播电商规模将超过4.9万亿元。抖音与服装品类高度契合，各时尚品牌积极布局抖音。抖音"货找人"的商品投放模式可帮助品牌高效精准找到目标客群，抖音年轻用户占比高，且显示出对时尚穿搭类内容的兴趣度更高，与服装目标客群契合。

线下渠道持续优化，质量优于数量。线下净开店放缓，更重质量。现阶段国内品牌服装行业已经走过了渠道高速扩张、以量取胜的时期，在各品牌于新型冠状病毒肺炎疫情中对表现不佳的门店进行优化后，"提质"已成为当前各品牌在渠道端的战略重心。注重直接面对消费者的营销模式（DTC），注重质量提升。在大数据赋能时代，线下门店销售货品的同时还将更多负责与消费者进行互动与联系，以提高对终端掌控力，利于更好地推新和品牌力提升。关小店开大店，注重店内体验。整体折扣改善，线上客单价提升。

（四）时尚产业区域发展格局特征显著

根据相关研究，我国时尚产业发展的空间特征明显，主要体现在三点。一是华北、华东和华南地区的时尚产业处于成熟期。华南地区最先进入成熟期，以时尚制造业著名的广东已形成完善的产业体制和庞大的市场规模。其中，深圳作为我国时尚产业的重要聚集地，逐渐实现从"国内引领"向"国际引领"跃升，成为名副其实的"时尚之都"。深圳牢牢占据全国女装产业第一梯队的位置，聚集了全国70%左右的高端女装企业；深圳罗湖黄金珠宝产业占据国内市场份额的半壁江山；作为全球最重要的钟表产区之一，深圳现有钟表企业1500多家，年产值680亿元，预计到2025年，深圳将培育形成增加值超6000亿元的时尚产业集群。华东地区是具有成熟期省市最多的地理区域，以上海为中心的长三角形成时尚产业联盟，发展时间较早，规模庞大。华北地区的时尚产业发展仅次于华东地区，形成以北京为核心，带动周边发展的模式。二是华中地区和西北地区处于成长后期。湖北和陕西相对成熟，宁夏和青海还处在形成阶段，其他省市均处在成长阶段。三是东北地区和西南地区处在成长前期。其中只有四川处于成熟期，西藏处于形成期，产业规模小但增长速度快，其他省市均处在成长上升阶段。其中，成都这座充满安逸与热情、前卫和先锋的个性城市，时尚产业不断升级焕新，正在从时尚新锐城市向时尚产业高地迈进。成都从66个产业功能区中，选择符合条件的功能区建设1~2个时尚产业园，为产业发展营造更好的环境。远洋太古里成为云集世界奢华品牌的时尚街区，东郊记忆将建设成为以展、演为支柱，以策展式创新商业为特色，以天府时尚秀场为新形象的文商旅融合的国际时尚产业园。

二、2020—2021年中国时尚产业细分市场发展情况

（一）服装服饰产业运行情况

1.总体保持平稳发展态势

受近年新型冠状病毒肺炎疫情的影响有所波动，中国服装服饰产业总体上保持了较为平稳的发展态势。根据国家统计局相关数据，2021年，我国限额以上单位服装类商品零售额达9974.6亿元，某种程度上可以认为，是2020年较低水平的触底反弹（图1-4）。相关调研数据显示，2021年我国人均衣着消费额为1419元，其中，女性消费者在服饰方面的消费明显高于男性。随着我国居民收入水平和消费能力的提升，服装服饰产业的消费水平也在不断提升，中国服装服饰产业逐渐向高端化、品牌化和国际化方向发展，服装服饰企业的生产方式、商业模式等正在发生深刻变革，很多企业都将数字化转型作为重要方向，加快战略布局和调整。2021年，服装服饰出口额达到1703亿美元，同比增长24%。

图 1-4　2017—2021 年中国限额以上单位服装类商品零售规模

数据来源：国家统计局、艾媒数据中心。

2.消费结构呈现新变化

受新型冠状病毒肺炎疫情和生活节奏、消费习惯等方面的综合影响，线上消费比重稳步提升。iiMedia Research（艾媒咨询）相关数据显示，服饰类商品线上消费比重达到 62%，线下消费比例为 38%，线上消费比重超过六成。从月消费额度来看，根据相关调研数据，服装服饰月消费金额主要集中在 201~600 元，占比达到 58.5%；从月消费频次来看，以 2~3 次为主。从消费偏好类型来看，休闲风、运动风以及当季流行风格占比最高，所占比重分别为 59.5%、45.6% 和 29.0%；女性消费者购买品类前三名则分别为连衣裙、T恤和毛衣，所占比重分别为 65.3%、50.4% 和 48.7%[1]。随着消费者结构的变化，年轻一代消费群体进一步壮大，逐步成为服装服饰市场消费的主力军，国货国潮品牌的市场认可度、美誉度显著提升。

（二）纺织产业运行情况

1.纺织产业景气度持续向好

2021 年是"十四五"的开局之年，纺织产业是一个劳动密集程度和对外依存度较高的产业。作为我国国民经济的重要支柱产业，纺织产业有着非常重要的地位和作用。2021 年以来，国内新型冠状病毒肺炎疫情防控总体平稳，纺织产业景气度持续向好，2021 年第四季度，我国纺织行业景气指数达到 62.3，纺织行业企业表现出强大的韧性。

---

[1] 2022—2023 年中国服饰行业发展与消费趋势调查分析报告 [DB/OL]. 艾媒网，2022-6-22.

2.综合效益稳步提升

2021年规模以上纺织企业工业增加值同比增长4.4%。规模以上纺织企业实现营业收入5.17万亿元，实现利润总额2677亿元，同比分别增长12.3%、25.4%；纱产量、布产量、化学纤维产量累计值分别达到2873.7万吨、396.1亿米、6708.5万吨，累计分别增长8.4%、7.5%和9.1%（图1-5）。从对外出口来看，2021年纺织原料出口额约29.7亿美元，同比增长32.1%；纺织纱线、织物及其制品出口额约1452亿美元，同比增长-5.6%[1]。我国纺织产品附加值与发达国家相比仍有差距，但差距呈现缩小态势。

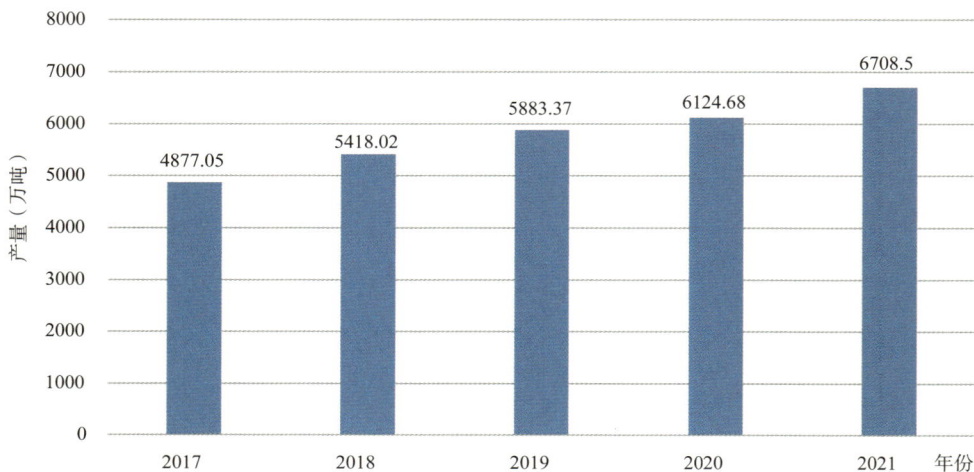

图 1-5 2017—2021 年我国化学纤维行业产量情况

数据来源：国家统计局。

3.互联网+纺织正在成为重要趋势

当前，世界发展正加速步入数字化时代，随着我国数字经济的快速发展，特别是5G等技术的加快普及，加之新型冠状病毒肺炎疫情等因素影响，我国纺织行业的发展与互联网的融合进程加快。在2022年6月11日出台的《纺织行业"十四五"发展纲要》中，明确提出纺织细分领域要加快推进数字化、智能化车间/工厂建设，工业互联网在纺织行业的应用将进一步加快。

（三）珠宝首饰产业运行情况
1.行业总体呈现稳中向好的态势

2020—2021年，珠宝首饰行业呈现恢复性增长。根据中国珠宝玉石首饰行业协会发布的《2021中国珠宝行业发展报告》，2021年中国珠宝首饰市场销售额达到

---

[1] 2021 年纺织行业运行简要情况 [DB/OL]. 国家发展和改革委员会，2022–2–28..

7200亿元，同比2020年的6100亿元增长18%（图1-6）。其中，按细分行业来看，规模以上金银珠宝类企业销售额同比增长29.8%，在行业发展中处于领先地位。根据上市公司的相关披露，2021年底，A股、新三板、港股珠宝类上市公司分别达到15家、25家和16家，大部分企业的营收和净利润已恢复到新型冠状病毒肺炎疫情前水平。2017—2021年珠宝类相关专利年均增幅达到27.81%，行业发展加快向创新驱动转型。

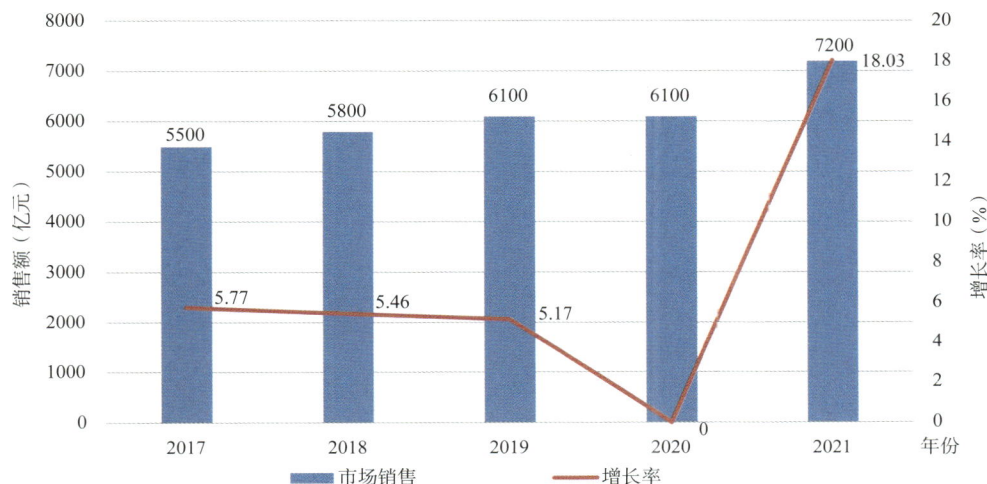

图1-6　2017—2021年我国珠宝首饰产业市场销售情况

数据来源：中国珠宝玉石首饰行业协会。

2. 进出口额超过疫情前水平

根据海关总署相关数据，2021年我国珠宝行业进口总额为774.17亿美元，出口总额为293.34亿美元，同比分别增长143.9%和59.1%。其中，镶嵌类首饰继续保持出口优势地位，出口额达到144.86亿美元，同比增长81.39%，占各类珠宝出口总额的49.4%，接近半壁江山。与2019年相比，珠宝进口总额、出口总额同比分别增长28.5%和43.6%[1]。规模超过了新型冠状病毒肺炎疫情前水平。各类珠宝原材料仍然以进口为主，贸易逆差优势显著。

3. 主要品类全面恢复增长

根据中国珠宝玉石首饰行业协会提供的相关数据，珠宝首饰各品类均呈现恢复性增长态势。其中，黄金品类、钻石产品、翡翠产品、彩色宝石产品市场规模分别约为4200亿元、1000亿元、1000亿元和315亿元，同比分别增长23.5%、25%、

---

[1] 《2021中国珠宝行业发展报告》发布：逆势上行　市场规模突破7000亿大关[DB/OL].界面新闻，2022-4-17.

11.1%和5%，珍珠产品、铂金及白银产品、其他品类产品市场规模分别约为160亿元、100亿元和150亿元。

（四）化妆品产业运行情况

1.行业总体规模稳步提升

我国的化妆品产业链涵盖原材料、品牌商和销售渠道等环节。其中，品牌商居于主导地位。围绕规范、支持化妆品行业发展，国家相关部门先后出台了系列政策，为行业发展营造了良好的环境。随着我国经济社会的不断发展，人们对包括化妆品在内的各类消费品的需求稳步增加，化妆品已经成为人们生活中不可或缺的日常用品，市场规模不断扩大。相关资料显示，2021年，我国化妆品商品零售额达到4026亿，同比增长18.4%，高于同期我国社会消费品零售总额增速5.9个百分点（图1-7）。

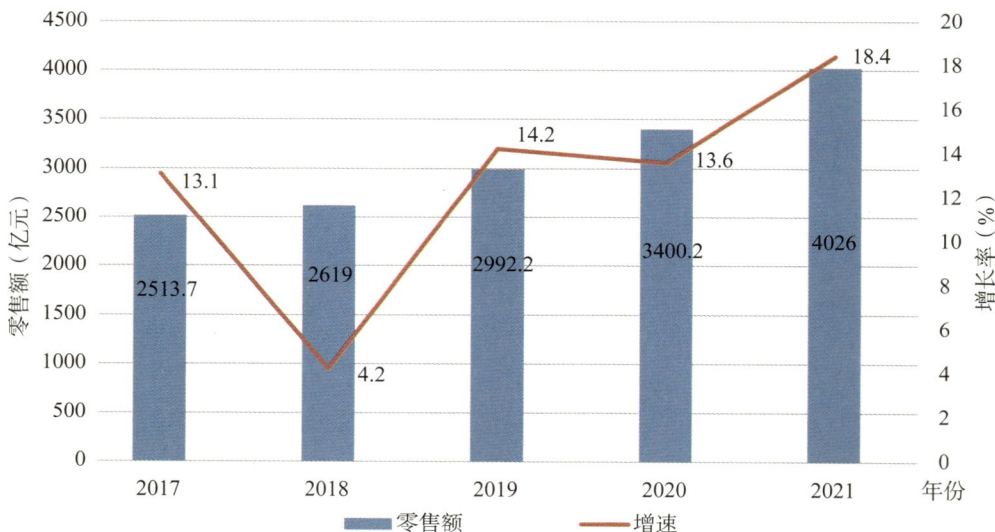

图 1-7　2017—2021 年我国珠宝首饰产业市场销售情况

数据来源：国家统计局。

2.行业发展格局不断优化

我国化妆品行业的发展格局整体较为分散，高端化妆品多被国际品牌所垄断，但国货化妆品呈现快速发展态势。以彩妆细分领域为例，众多国产品牌在细分领域奋起直追，实现了突围，市场份额不断提升。花西子、完美日记的市场份额从2017年的0.3%、0.3%分别提升到2021年的6.8%、6.4%，成功跻身国内彩妆市场前两名。互联网经济的快速发展，为化妆品市场销售拓展了渠道，线上直营店、旗舰店、直播带货等各种销售新模式不断涌现，化妆品线上销售渠道占比不断提升，已成为最大的细分销售渠道之一。相关资料显示，2020年化妆品线上渠道销售占比达到38%❶。

（五）文化创意产业运行情况

1.产业总体规模不断扩张

随着我国经济的快速发展和居民消费结构的逐步升级，人们对精神文化消费的需求显著提升，我国文化创意产业进入快速发展的新阶段，在推动经济转型升级和提升国家软实力方面发挥着越来越重要的作用。根据国家统计局相关数据，2021年，文化及相关产业全国规模以上企业达到6.5万家，实现营业收入119064亿元，绝对值比2020年增加20550亿元，同比增幅达20.86%（图1-8）。文化创意产业相关企业蓬勃发展，截至2021年年底，文化创意产业相关企业总量超过3.6万家。

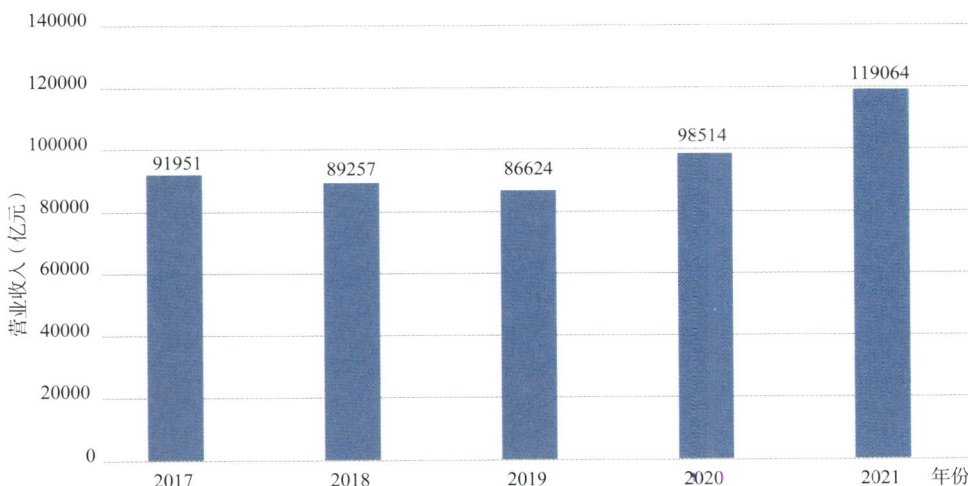

图 1-8　2017—2021 年我国文化及相关产业企业营收情况

数据来源：国家统计局。

2.融合发展水平稳步提升

随着我国综合国力的全面提升和居民收入水平的提升，文化创意产业与数字经济、旅游等各行各业的融合发展不断加快。5G、大数据、云计算、人工智能、物联网等技术的应用推广不断催生新业态、新模式，数字创意、数字娱乐、沉浸式体验等新型业态快速发展，文化创意产业的内容和形式更新速度更快，产业发展活力进一步释放。文化创意对旅游资源及其衍生产品和服务的开发也提供了更加广阔的发展空间，提升了旅游的文化内涵和载体形式。

---

❶ 化妆品行业市场规模、零售规模、市场结构、进出口及投融资情况 [DB/OL].华经情报网，
2022－9－29.

（六）消费电子产业运行情况

1.行业整体仍处于上升阶段

随着人们消费水平的提高，人们对品牌、使用体验的要求越来越重视，消费需求进一步多元化，消费电子行业的分工也日益深化，消费电子产品已经日益渗透到生产生活的方方面面。相关资料显示，2021年我国消费电子行业市场规模达到18113亿元，同比增长4.4%。我国消费电子时尚规模已位居世界第一，我国已经成为全球消费电子产品市场的重要前沿。随着互联网技术的深化发展以及5G、人工智能、虚拟现实等技术的应用拓展，消费电子将迎来新一轮快速发展的契机。科技含量高、外观设计精致、功能齐全的消费电子产品越来越受欢迎，智能化、集成化、系统化的新一代消费电子产品逐渐成为市场主流。消费电子产品出口企业也越来越重视品牌建设，并通过品牌建设影响客户心理、催生口碑流量，进而形成客户黏性。

2.产业链加快延伸拓展

消费电子是我国电子信息制造业的重要环节之一，随着5G等新一代信息技术的发展和我国消费电子人群规模的不断扩大，多种设备之间互联互通、数据传输与共享的技术创新和应用场景越来越丰富，进而催生了各类适配器、连接线等配件的市场需求。相关数据表明，我国消费电子产业链上下游的年产值已达到约6万亿元，其中，终端产品产量占全球比重达到70%以上。全球约80%的个人计算机、65%以上的智能手机和彩电是由我国生产的❶。为了促进消费电子市场健康、快速发展，国家先后出台了系列政策支持消费电子行业的发展，支持企业的品牌化、国际化，消费电子已经成为我国发展新格局中的重要力量。

（七）时尚传播产业运行情况

1.中国时尚传播产业整体呈现恢复性发展态势

新型主流媒体融合发展进一步深化。相关数据显示，2021年，中国传媒产业总产值达到29710.3亿元，同比增长13.54%（图1-9）。从细分市场来看，互联网广告、移动数据及互联网业务、网络游戏、网络视频等行业收入超千亿元。中关村互动营销实验室的数据显示，2021年互联网广告、互联网营销服务的收入合计达11608亿元，移动数据及互联网业务收入达到6409亿元。而广播电视、报刊等传统行业持续收缩，广播电视广告收入降至1000亿元以下。

2.主流媒体融合发展取得新成效

在互联网技术加快突破、新型媒体不断涌现的背景下，主流媒体在渠道、内

---

❶ 消费电子行业发展现状及前景分析 2022[DB/OL]. 中研网，2022-10-24.

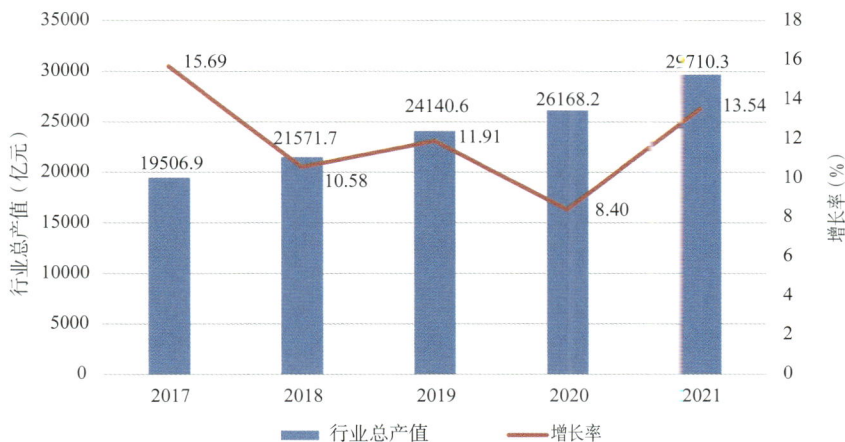

图 1-9　2017—2021 年我国传媒产业规模及增速情况

数据来源：根据国家统计局、"传媒蓝皮书"课题组。

容、技术、组织、经营、机制等诸多方面积极推进深度融合，加之国家从政策层面的引导和推动，媒体融合呈现系统推进新态势。2021 年 9 月，中央广播电视总台所属中国国际电视总公司等 20 余家企业共同发起设立了总规模达 100 亿元的"央视融媒体产业投资基金"，用于支持新技术应用、新媒体发展及新业态孵化等方面的发展，这也是我国首个融媒体领域的国家级产业投资基金。湖南广播电视台积极推进湖南卫视、芒果 TV 联采、联播，取得了良好的效果。2021 年芒果超媒实现总收入 153.5 亿元，会员转化率和用户渗透率显著提升❶。

三、中国时尚产业的未来趋势与展望

总体看，我国经济发展的韧性强，长期向好的基本面没有改变，国内消费升级的需求压力与本土时尚品牌的兴起促进我国时尚产业平稳健康发展，从国际时尚产业的发展来看，我国时尚产业未来发展空间巨大。

（一）数字经济浪潮深刻影响时尚产业

数字经济是继农业经济、工业经济之后的主要经济形态，其发展速度之快、辐射范围之广、影响程度之深前所未有，正在推动生产方式、生活方式和治理方式的深刻变革。伴随数字化浪潮，时尚产业持续开展信息化建设，为当前的数字化转型形成了技术积淀。数字赋能之下，时尚产业的创新体系、生产方式和产业形态不断重塑，加速迈向更广范围、更深层次、更高水平的新阶段。

---

❶ 陈星光传媒行业的特点、机遇与挑战 [DB/OL]. 新浪财经，2022-7-28

　　我国时尚产业数字化具有产业规模强大、应用场景丰富、数据资源完整和数据交互频次强等独特优势，加强大数据分析、5G等数字技术在时尚产业产品研发、制造、生产过程、管理运营和商业决策的深入应用，有力推动产业数字化和科技化的转型升级。具体来看，借助数字技术，企业可以对时尚趋势做出更为精确判断，推出可能成为主流趋势的模式，有助于知识产权的形成、保护与创新。同时借助AI（人工智能）可以让时尚企业为每个市场甚至每个客户提供精细的个性化产品。另外可以帮助企业分析自身及竞争对手的历史数据，制定有针对性的市场营销与经营管理策略，目前系统性的数字化营销渠道已经成为不确定时代中的确定趋势，直播这一数字传播形式风头正劲。线上渠道中的流量资本竞争已达到了白热化阶段，如DIOR（迪奥）、GUCCI（古驰）等品牌相继入驻抖音、小红书等社交媒体平台，通过多种呈现形式来争夺流量和曝光度。据相关研究❶，基于数字经济的时尚产业未来发展主要有C2M（用户直连制造）大规模定制模式、O2O（在线离线）全渠道体验增强模式和智能化制造成本领先模式三种。

（二）双碳目标下可持续时尚成为关键赛道

　　2021年10月，国务院印发《2030年前碳达峰行动方案》，聚焦2030年前碳达峰目标，对推进我国碳达峰工作作出总体部署。自2005年开始，纺织服装行业便在全球供应链和产业层面推动社会责任能力建设和可持续发展创新实践。多年来，围绕着技术创新、产品创新、管理创新、模式创新，行业绿色发展卓有成效。当前，以"中国时尚品牌气候创新碳中和加速计划"为代表，我国时尚行业正在打开以低碳减碳为核心的可持续、绿色、包容发展新局面。

　　在"双碳"目标指引下，"可持续"正在驱动着整个时尚产业链的重塑，也将成为重建商业新秩序的关键赛道。我国部分时尚行业企业从环保材料、生产加工、品牌消费等维度着手开展产品碳足迹全生命周期测评和应用创新的实践。同时，在消费者追求高品质生活的需求下，人们将更注重时尚产品品质与自我价值感受，快时尚理念将不合时宜。

　　可持续、绿色、包容的时尚生活方式融入了越来越多消费者们的日常，新型冠状病毒肺炎疫情使消费信心下降，让环保、性价比高的服饰租赁和二手服饰买卖到消费者的关注和喜爱，据估算，二手奢侈品市场将在2020年250亿～300亿美元规模的基础上，在未来10年年增长率达到10%～15%。时尚品牌将不断加大基础设施投资，注重各项ESG（环境、社会和公司治理）指标，积极争取参与绿色债券、贷

---

❶ 张杨傲冰，刘元荻，黄楠，等.数字经济背景下时尚产业发展模式研究[J].中国市场.2021（30）：
　　8-9.

款和循环信贷服务。时尚产业企业将积极使用可再生能源，进一步推动品牌的可持续发展进程。

（三）我国时尚产业可控能力及影响力将进一步提升

依托我国经济的平稳增长及庞大的消费人群支撑，我国时尚产品因高性价比和供应链优势展现出了强大的竞争力和生命力[1]，据调查，近十年间，中国品牌的关注度占比由40%左右增长到70%多。但从全球空间和长周期视角，我国时尚产业还处于成长壮大阶段，一是国内时尚品牌市场占有率偏低，以运动服饰品牌为例，耐克和阿迪达斯2021年在中国的市占率为40%（耐克占25.2%，阿迪达斯占14.8%），国内品牌市场占有率上升空间还很大。二是国内时尚产业处于产业链底端，集中在生产制造环节，超过60%的国际奢侈品品牌有自己的中国生产线，例如，COACH（蔻驰）是第一家在中国开展代工的国际奢侈品牌，在中国的产能占到全球的85%。三是国内时尚媒体舆论影响力偏弱，国内主流审美被国外时尚引导情况还普遍存在，本土时尚媒体品牌"发声"力度不够，其影响力和《ELLE世界时装之苑》《VOGUE》《时尚COSMO》《瑞丽》等国外时尚杂志差距较大。

我国时尚品牌初步具备了生产制造的规模优势，但在关键产业环节、产业融合、产业准入标准和时尚话语权等方面还有很大的提升空间，未来一段时间，我国将在以下方面着重发力，深度挖掘市场潜力，提升我国时尚产业控制力和影响力。一是将时尚产业价值链由"加工代工"向"智慧创造"延伸，发展研发设计、品牌营销等高附加值环节；二是推动"时尚+"产业融合，开创更多具有时代特色的时尚产业；三是培育国内时尚媒体集团与品牌，充分发挥本土时尚媒体在时尚潮流领域的引领作用；四是建设有国际影响力的时尚产业标准组织，创造有利于本土时尚产业长期健康发展的产业环境；五是进一步鼓励时尚品牌企业与电商开展深度合作，增强本土时尚产业链弹性。

（四）时尚品牌分化趋势进一步加剧

考虑当前及未来综合因素，时尚消费需求端预计将延续承压态势，品牌分化趋势加剧，依靠流量推动短期爆发式增长的品牌将让位于依靠产品功能创新与渠道变革共同驱动的良性增长的头部品牌，时尚行业增长质量有望提升。

国货运动鞋服方面，产品功能升级和品牌提档赋予品牌奇穿越周期能力。以李宁、安踏为代表的国货运动鞋服龙头品牌技术升级加速，线下渠道尝试DCT（Direct to Consumer，直面消费者品牌）改革，线上拥抱社交媒体进行跨渠道运营，

---

[1] 徐紫嫣. 多措并举提升我国时尚产业控制力 [J]. 中国发展观察，2021（15）：58-60.

吸引消费者持续复购。纺织制造方面，优质纺织制造龙头稀缺性提升。受新型冠状病毒肺炎疫情以及国内中小工厂因劳动力成本上升、能源价格上涨、原材料涨价等负面因素影响，纺织制造龙头积极进行生产工艺技改提效、客户升级以及产品升级，企业竞争力大幅提升。国货化妆品方面，流量红利弱化，进入产品力角逐阶段。经过几年突飞猛进式的扩张后，渠道红利弱化，洗脑式营销不复存在，国货化妆品下一阶段的核心竞争力将回归到产品功能的迭代能力、渠道端精细化运营能力、树立产品口碑依靠复购实现收入和利润之间良性增长的能力。黄金珠宝方面，多维升级，竞争格局优化。黄金加工工艺不断升级，古法金消费热情不断提升，未来几年培育钻石价格体系将逐渐形成，龙头品牌渠道下沉不断加速，线上渠道多元化，直播电商兴起为珠宝行业开拓了新消费场景。

（五）时尚品牌拥有独特且明确的文化内涵愈发重要

当下，互联网快速发展、潮流风尚稍纵即逝以及消费者主体的变化，共同推动着文化的快速迭代，独特的品牌文化是决定一个品牌能否长久发展、保持消费者忠诚度的决定性因素。它不仅能够赋予品牌深刻而丰富的文化内涵，还能够帮助其建立鲜明的品牌定位和形象，并通过各个渠道的传播途径来让消费者形成对品牌的认知，从而创造品牌信仰和培养消费者的品牌忠诚度。

近十年来，信息沟通的全球化加速与价值观和文化自信的在地化崛起，西方长期掌握的文化主导权逐渐下放到更多的地区，包容、尊重、善意、感恩的普世价值观在越来越多的地方流行，这对塑造美、实现美的时尚产业来说，清晰了向心、向善、向上的未来方向。我国时尚品牌在推进国际化过程中，将加强与在地文化的链接，用"美美与共"的跨文化融合策略表达对在地市场的理解与尊重，为深入东道国市场、连接时尚和文化进行铺路。同时，我国时尚品牌将通过5G、虚拟现实、直播等数字技术以及元宇宙概念加强传统文化与当代文化的连接，利用盲盒、虚拟偶像、网络游戏、手办等创新形式，帮助传统文化实现对年轻消费者的触达。另外，更多时尚龙头企业将建立与消费者文化价值观相同的品牌文化，据相关研究，2019年至今，消费者的主要购买导向是时尚品牌所承载的文化内涵，以及这种文化内涵是否符合自己的文化价值观。

［赵晶　经济日报社主任记者，新疆日报社图片新闻部副主任（援疆）

陈文晖　北京服装学院时尚研究院］

第二章　数字经济与中国时尚产业发展

数字经济作为推动高质量发展的重要引擎与时尚产业越来越呈现出融合发展的趋势。我国时尚产业既有全球最全产业链和制造大国的优势，又有14亿人口的庞大消费市场和人口红利，更有全球领先的数字经济规模和应用场景，以国内为主体、国内国际相互促进的"双循环"新发展格局的构建为数字时尚产业提供了充满想象的价值空间。英国、美国、新加坡和欧盟等发达国家以及我国的上海、北京、杭州、深圳等城市已经形成了一些共性的做法和经验，包括顶层设计、政策出台、技术创新和人才培养等。借鉴国内外经验，建立时尚产业与多要素协同创新的新机制，打造全新产业系统网络，促进时尚产业由单纯的上下游链式关系向多领域、多主体参与的、全新的产业系统网络转变，创造多方互利共赢的数字时尚新生态，由"界内协同"向"跨界协同"发展是我国数字时尚发展的必然选择。

一、数字经济对时尚产业的影响及作用机理

（一）数字经济对时尚产业的主要影响

根据国家统计局发布的《数字经济及其核心产业统计分类（2021）》，数字经济产业范围包括数字产品制造业、数字产品服务业、数字技术应用业、数字要素驱动业、数字化效率提升业五个大类。其中，前四大类为数字经济核心产业。根据我国《"十四五"数字经济发展规划》，到2025年，我国数字经济核心产业增加值占GDP（生产总值）比重将达到10%。

数字时尚是时尚产业和数字科技跨界融合的产物，涉及范围较为宽泛，主要包括传统时尚产业的数字化生产、交易和纯数字化的虚拟时尚两大类。数字化时代的到来，加速了工具的变革，引发时尚要素的重新整合，使时尚品不局限于传统固有的形式。时尚产业在数字信息技术的推动下，生产者与消费者之间直接、高频次且长期持续的联系和交互，改变传统的时尚商业模式，尤其是新型冠状病毒肺炎疫情加速了产业变革，数字时尚得到前所未有的发展。据麦肯锡 *The State of Fashion Technology* 统计，2020年电子商务在全球时尚销售中的份额较2018年几乎翻了一番，2021年全球虚拟商品支出达到约1100亿美元，是2015年总额的两倍多。据2021年

时尚电商报告数据显示，预计在未来5年内，时尚电商将以7.18%的复合年增长率增长，达到1万亿美元的市场规模（图2-1）。

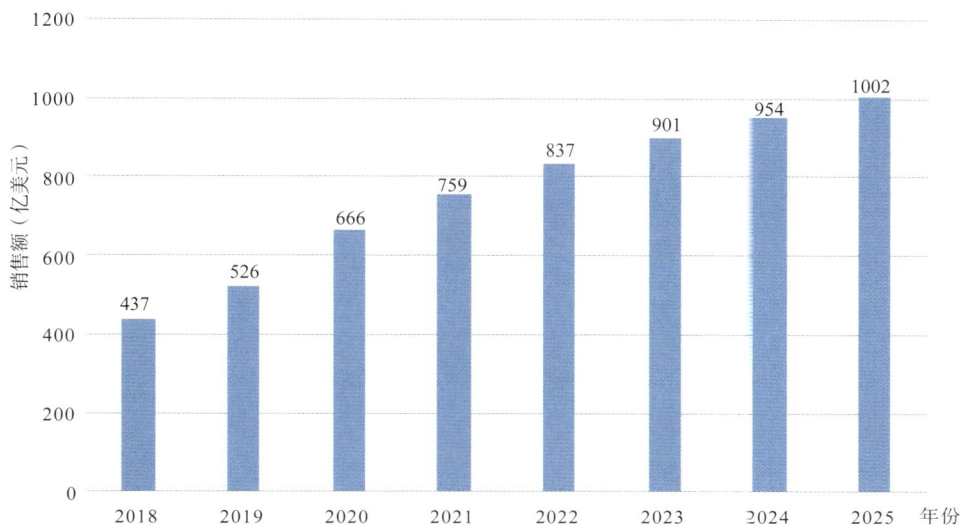

图 2-1　时尚电商预计规模（亿美元）

数据来源：Statista。

1.数字化全面引领时尚产业跨界和创新

数字化加速了工具的变革，引发时尚要素的重新整合，加速了时尚产业与科技、文化、创意等融合发展。数字化使生产者和消费者建立直接、长期和高频次的联系和互动，形成了前所未有的销售新场景，极大地降低了信息的不对称性，改变了传统商业模式，构建了全新的竞争格局。随着元宇宙概念的提出和应用，时尚产业衍生出全新的时尚产品类型——虚拟时尚产品，某种程度上创造了全新的时尚新物种，为时尚产业发展带来新的突破口。

2.数字化为社会带来全新时尚体验

数字技术加强了产业中各节点、各角色的联动性，企业、设计师可以快速通过数字化手段捕捉消费者的兴趣和需求，提升大众时尚设计参与度。数字化实现了基于大数据、以用户为中心的个性化定制，能够实现精细化的客户关系管理，精准提升消费体验。数字营销带来新的消费体验，如时尚产品通过游戏植入、虚拟试穿等手段，赋予时尚趣味性和社交性。

3.提升了时尚产业的管理水平和效率

数字技术不仅提升了生产效率，实现了企业效益的增进，带动整个产业的智能化发展与价值链创新。同时，业务流程数字化提升了管理水平和交易效率。此外，数字化可以使企业越过中间商环节，通过数据直接掌握消费者需求并实现精准对接。未来拥有数据资源将成为时尚企业的一大竞争优势。

4.数字化加速了时尚产业向循环经济转型

根据罗兰贝格（Roland Berger）的《可持续时尚联合白皮书》报告中的数据显示，2020年时尚制造业的碳排放量约占地球温室气体排放量的8%，是继工业能源、建筑物能源、运输和农业土地利用和林业之外的第五大污染产业（图2-2）。而且部分时尚产品往往使用周期短、更新换代快，丢弃后易造成二次污染。数字化能够节约资源，降低时尚产业流通成本和环境污染程度。尤其是虚拟时尚本身作为数字产品，几乎不涉及资源使用，也不会污染环境。

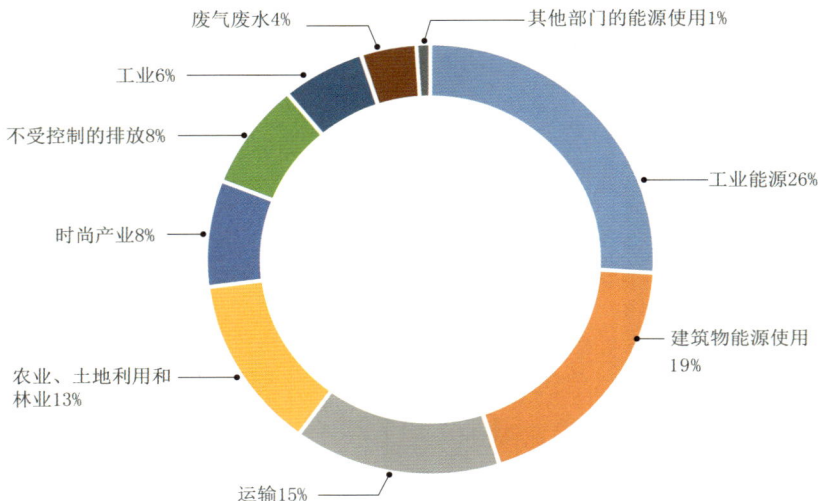

图 2-2　全球排放明细（2020 年）

数据来源：罗兰贝格。

（二）数字经济对时尚产业影响的作用机理

随着数字工具的更新升级换代以及多种应用场景的不断拓展，人的意愿、兴趣、行为、属性和关系等数字化思维能够推动时尚系统中的虚拟场景构建，获取时尚系统中隐形价值并重塑时尚产业系统中的公共关系，从而促进数字平台下时尚产业的价值增量，加速时尚产业的转型。

1.数字经济改变时尚信息的传播方式

网络基础设施和智能终端的广泛使用，使大众的生活方式、社交方式、信息获取方式从线下转移到线上，现代社会的沟通变得更为直接和高效，时尚信息的生产和传播打破原有的时间和空间限制。社交媒体的兴起，使企业可以从新媒体中获取大量、可持续的时尚产品信息、咨询和反馈，获取消费群体对价格的敏感数据等信息。通过对这些数据信息的分析和整理，企业可以直接迅速获取消费者需求信息，不需要经过中间环节，就可以最快速度给予满足。数字化能够通过用户信息和数据让企业实现点对点营销以及私人定制。

2.数字经济改变时尚经济的组织形式

人工智能、云计算、大数据、物联网等信息技术拉近了各组织间的时间和空间距离，时尚企业、投资机构、消费者、服务商之间可以直接对接产品实体、资金、信息和服务等要素。例如，人工智能能够通过数据交换和柔性化的智慧生产线，直接按照客户要求设置订单程序和参数，生产出独一无二的产品。时尚企业基于消费者大数据来整合营销是一种新业态。借助数字技术实现产品从设计、生产到销售的全渠道变革，由线上线下销售渠道和现代物流重构"人、货、场"的新关系，为传统时尚企业转型升级，创新经营模式提供了无尽选择。依赖数字经济技术，时尚企业甚至可以整合战略利益联盟和虚拟组织，打破企业技术研发的边界，实现整个链条和生态的创新发展。

3.数字经济驱动时尚产业的隐形价值获取

时尚产业信息高度而广泛的传播和使用，已经在互联网环境中形成了数据的指数级增长，数据作为生产要素的价值和地位更加突出。传统依靠人工的数据计算，可掌控参数变量是有限的，限制了时尚企业的洞察力和决策力。大数据环境下，企业能够使用先进的算法和系统，通过对数据进行深入分析研究，寻找发现更有价值的信息。例如，企业能够在基础消费数据基础上，深入分析消费者深层次的隐形需求，从而优化产品和服务，提升自身市场竞争力。

二、我国时尚产业数字化发展现状、问题及成因

（一）我国数字时尚产业发展现状

1.产业基础雄厚，市场规模庞大

我国以纺织服装为代表的时尚产业历史悠久，市场规模庞大，长期以来是我国制造业的典型代表。2020年我国市场规模超过美国、英国、日本、德国的总和（表2-1）。经历二十多年的发展，我国以电子商务为代表的数字时尚产业发展壮大，尤其是在新型冠状病毒肺炎疫情期间依托强大的制造体系、完整的供应链及电子商务，表现出强大韧性，为经济社会发展起到顶梁柱作用。我国电商在经历了1.0传统电商（淘宝、天猫、京东），2.0垂直电商（当当、唯品会），3.0平价电商（美团、拼多多），4.0社交电商（云集、完美日记）后迎来了最近增长势头迅猛的5.0模式——直播电商（抖音、快手）。《"十四五"电子商务发展规划》提到，电子商务已成为数字经济和实体经济的重要组成部分。

国家互联网信息办公室发布的《数字中国发展报告（2021年）》显示，2021年

我国数字经济规模总量居全球第二，从 2017 年的 27.2 万亿增至 2021 年的 45.5 万亿元，总量稳居世界第二，电子商务交易额从 2017 年的 29 万亿增长至 2021 年的 42 万亿元。其中，2020 年中国跨境电商市场规模达 12.5 万亿元，较 2019 年的 10.5 万亿元同比增长 19.04%。据麦肯锡 *The State of Fashion Technology* 预计，到 2025 年，电子商务将占全球时尚销售额的 1/3，我国将达到 45%。

表 2-1　2020 年各国时尚市场规模

国家	中国	美国	英国	日本	德国
规模（亿美元）	2843	1265	325	239	225

数据来源：麦肯锡。

2. 集群发展成势，基建支撑有力

从产业角度看，我国数字时尚产业已经形成完整的产业链，且已在上海、北京、杭州、深圳、广州等多地形成数字时尚产业集群，整体正在向价值链高端攀升。产品设计能力、品牌竞争力和国际时尚之都的差距进一步缩小，甚至市场消费能力、供应链能力具备国际领先优势。当前我国正在积极出台配套政策，在"双循环"新发展格局下积极推动中国品牌走向世界，把培育大国际品牌和产业集群作为目标。

数字时尚依托强大的数字基础设施作为前提条件。目前我国已经建成全球领先的数字基础设施，基站数量、算力规模、数据产量、网民规模全球领先。数字经济规模全球第二，成为经济发展的重要引擎。2021 年大数据产业产值达到 1.3 万亿元，数字经济规模达 45.5 万亿元，居世界第二。

3. 聚焦绿色前沿，政策精准护航

根据全球纺织信息网信息报道，时装业造成了全球 4% ～ 10% 的碳排放和近 20% 的废水。我国"十四五"规划明确提出要坚决遏制"两高"项目盲目发展，推动绿色转型实现积极发展。中国纺织工业联合会基于联合国气候变化框架公约（UNFCCC）时尚产业气候行动宪章，制定时尚气候创新 2030 行动路线图，实现时尚产业气候创新。2030 年降碳排量 40% 的中国时尚行动，希望通过产业协同合作方式，提升我国在全球时尚产业低碳的影响力和竞争力。

作为时尚产业代表的纺织服装产业的数字化，提升了加工制造的精准度，提高了生产效率，优化并加快了生产流程的改进，实现了企业效益的增进。消费者数据的深度分析，有助于时尚产业依据消费者的精准需求扩充和丰富时尚企业的产品线，避免库存积压和快速迭代丢弃的二次污染。数字化能够节约资源，降低环境污染程度，尤其是虚拟时尚本身作为数字产品，几乎不涉及资源使用，也不会造成环

境污染。此外，数字化还能降低时尚产业流通成本。人工实体打样和产品跨国运输是传统时尚产业主要成本之一，而数字化推进全球互联互通，实现线上远程协作，能够降低实体时尚资源和成本，提升可持续发展水平。

（二）我国数字时尚发展存在的问题

1.数字时尚创新的整体质量不高

总体来看，我国数字时尚重点集中在数字营销，在制造、设计、供应链、企业管理、虚拟时尚等方面数字化程度有待提升，设计等高附加值环节水平远不如巴黎、伦敦、米兰等时尚城市，世界知名时尚品牌不多，数字时尚产业集群化水平有限，数字产业发展总体质量不高。

2.供应链安全和现代化程度有待提升

新型冠状病毒肺炎疫情发生以来，时尚产业供应链遭遇冲击，对其安全性和稳定性造成威胁。针对服务于实体时尚的数字时尚而言，一是全球新型冠状病毒肺炎疫情、多国"制造业回流"计划实施、英国脱欧等因素造成实体时尚多个环节中断和缺失；二是时尚产业供应链本身发展面临的问题，如集聚规模不够、产业集群低度化（上游研发设计等不足、中下游聚集规模和辐射受限）造成在全球甚至区域尺度下分工地位下降；三是因制造业迁出、供应链不足而造成的设计研发弱化而导致的竞争力弱化，核心是供应链的规模、效率尤其企业全要素生产率的下降。针对纯数字化的虚拟时尚，也面临信息、设备、消费终端等各要素配置不畅、整个产业链现代化程度不高的问题。

3.政策法规配套和监管尚不健全

当前各类数字时尚新业态、新模式竞相迸发，但是相关的机构、政策、法规配套相对滞后，监管手段不够完善。数字时尚产业支持和引领政策力度有待提升，尤其是虚拟时尚扶持政策较为缺乏，相关行业准则、标尺尚未建立。数字时尚的边界宽泛，行业数据统计难度较大。此外，数字时尚业务不受时空限制，大部分数字时尚交易等环节都在线上进行，具有较强的隐蔽性，增加了政府监管难度。数字时尚产业亟需标准化和规范化，尤其是当前高度缺乏统一的虚拟服装相关准则、行业标尺，相关术语的不统一以及对数字服装理解上的差异，迫切需要制定相应标准加以规范。

4.技术、人才和运营面临新的挑战

数字技术和人才是数字时尚发展的基础和支撑，而且技术迭代频繁。未来随着数字时尚应用场景不断丰富，新型消费理念层出不穷，时尚产业的发展对数字、技术和人才提出更高的要求。当前数字时尚相关人才总体处于供不应求的状态，尤其是既懂技术又懂运营的复合型人才匮乏。从企业人才岗位需求看，用户及数据精准

分析已成为最迫切的需求，其次是数字化产品规划及创意和设计人员。数字时尚产业相关产品已经不再是过去"酒香不怕巷子深"的状态，单纯依靠质量已经难以快速占领市场，这就要求时尚企业必须创新商业模式，用数字化思维优化企业管理。

（三）我国数字时尚发展问题成因

1.研发设计环节薄弱，制约产业发展质量和附加值

研发设计是数字时尚产业高附加值的环节，也是时尚的灵魂，在很大程度上决定着数字时尚产业发展的质量和效益。尽管我国时尚产业规模全球靠前，但长期秉承密集劳动型、低水平重复设计的传统发展模式，对产业链前端的研发设计重视不足。我国在过去相当长的时间里，以计划经济为主，民众对服装的需求以遮体御寒为主，产品注重舒适、健康，对时尚的认知度较低。虽然改革开放以来的四十多年里，我国时尚产业发展速度惊人，但相对欧美200年的时尚产业发展历史，我国设计整体处于初级阶段。虽然近年来我国设计师地位不断提升，但缺乏系统的培养机制，尽管设计师的发展速度惊人，但缺乏具备先进设计理念的人才，尤其是随着设计理念泛国际化，缺乏自主、潮流设计风格。我国目前尚未有国际影响力的知名设计大师，时尚设计影响力不足制约了时尚产业的发展。

2.科技、人才缺乏，平台和企业带动作用有限

数字时尚已经成为高度全球化的市场，如何更好地利用数字化技术手段理解和贴近消费者，从服务和体验的角度打造真正全渠道的购物体验是数字时尚成功的关键，这不仅需要技术先进、人才充盈，更需要平台支撑、龙头企业带动。后金融危机时代，美国、德国、日本等多国发布了制造业回流计划和政策，扰乱供应链，尤其是新型冠状病毒肺炎疫情暴发引发了全球性的供应链危机，影响供应链安全。我国数字时尚产业培训、教育体系发展相对滞后，导致国际化、专业化的顶流创意人才匮乏。加之美国对华实施科技封锁，阻断了科技、人才等资源按照市场化规则流动，科技、人才引进也面临阻力，尤其是元宇宙等虚拟科技人才更是成为产业发展的瓶颈。企业和平台不仅代表着时尚产业发展的风向标，也是吸纳人才、技术的重要渠道。我国缺乏世界影响力的企业、时尚媒体，也没有建立行业标准组织，时尚舆论话语权严重缺失。

3.品牌建设意识不足，商业模式传统单一

虽然近年来，数字时尚企业品牌意识有所提升，但盈利能力不高，市场规模不大，主要还是通过低成本优势参与国际竞争，竞争手段和渠道有限，营销举措和商业模式相对传统，品牌后面的文化、品位支撑不足。数字时尚更多地被简单理解为线上线下的结合，营销场景建设创意不足，对客户的体验、消费心理把握不充分，往往在数字时尚发展趋势中难以抢占先机，创新商业模式、推动品牌变革是当务之急。

4.政策法规滞后于发展速度，跨界增加复杂性和变异性

数字时尚属于跨界融合的产业，本身就增加了政策制定的复杂性、差异性和变异性。政策法规制定和完善需要经过长期实践的检验，数字时尚发展历史不长，又经历短期内快速发展，政策体系跟不上产业发展的步伐，总体相对滞后。在重点领域和环节，政策改革和创新力度不够，措施偏软，针对性不强，重点不突出。数字时尚个别领域新旧政策之间、不同部门政策之间、宏观政策和微观政策之间缺乏协调，甚至部分政策停留在口号上，缺乏可操作性。作为政策最高形式的法律法规，是对产业政策的固定化和制度化，目前我国数字时尚方面很多政策还没上升到法律阶段。

三、国内外数字经济及时尚产业发展经验和做法

（一）政府顶层设计和政策支持为产业发展指明方向

产业的健康发展离不开顶层设计的科学规划和引导。顶层设计能够从长远的角度，高站位、系统性、科学性地为产业发展指明方向、制定目标、明确路径并提出保障措施。从国际看，数字经济发达的美国、英国、新加坡等国大都将发展数字经济作为国家重要战略实施，开展顶层设计，法国、美国等国还专门设置了相关的组织机构，从国家层面统一做好管理和服务。尤其是法国将时尚产业定位为国家最具竞争力的战略产业进行打造，长期从税收、项目扶持、科技研发、国际合作等方面进行持续不断的大力扶持。我国数字经济发展成绩的取得也得益于政府早期宽松的监管政策，较早通过顶层设计统一了政府、消费者、企业等社会各界关于发展数字经济的认识，对相关技术、商业模式的创新与发展采取"先发展、后监管""有所为有所不为"的监管策略。纵观数字经济和时尚产业相对发达地区，大都形成了专门的政策体系，出台了人才、税收、招商引资等全方位"接地气"的政策（表2-2）。

表2-2　国内外数字经济顶层设计的典型做法举例

国家	举措
美国	自1998年起实施"浮现中的数字经济"计划，至2021年共实施16项以上的国家数字经济相关战略。为了这些政策的落地实施，美国商务部注重数字经济领域信息收集和统计，连续多年发布数字经济和数字国家相关报告；成立专门的数字经济咨询委员会、贸易工作组，制订专门的实施方案
新加坡	早在20世纪80年代便开始推行智慧国建设，并出台"智能国2015"及"智慧国2025"计划等一系列政策规划。政府成立未来经济署，下拨45亿新币，支持23个行业的数字化转型。2019年，新加坡设立"数字产业发展司"，重点帮扶金融科技和电子商务领域的企业开拓亚洲市场，推广新加坡数字化创新技术

国家	举措
中国	党的十八大以来，党中央高度重视发展数字经济，将其上升为国家战略，制定发展规划、出台鼓励政策。北京、杭州等地高度重视、超前布局，北京明确要建设数字经济标杆城市、消费中心城市、数字贸易港，浙江温州明确要建设"时尚之都"。深圳市为支持时尚文化产业的发展，先后在多项省级以上规划中将时尚产业作为发展重点，并出台专项规划、行动方案，明确了重大工程和具体任务

（二）技术创新是数字经济和时尚产业发展的核心驱动

党的二十大报告强调，科技是第一生产力，人才是第一资源，创新是第一动力。大数据、人工智能、云计算等新技术加速创新，日益融入经济社会发展的各领域，成就了数字经济的快速发展。美国、英国、新加坡等国大都设置专门的数字技术创新中心，举国之力强化数字经济技术创新。在时尚产业领域，无论是现代文化特色的美国、高雅文化特色的法国还是以商品交易为特点的意大利，普遍在人工智能等数字化人才的培养方面发力，不仅通过国际时尚活动吸纳全球顶尖设计创意人才，还通过教育、培训，强化数字技术产业人才的培养。美国历来重视对数字技术领域的投入和人才培养，将计算科学纳入中小学教育的课程培养体系。英国主要通过提供创新研发税收优惠、设立风险投资基金、完善知识产权保护等措施，支持数字创新技术的研发，并注重人力资本投入、数字技能培训，通过建立专门机构协助企业实现数字化转型。法国通过举办国际性时装秀吸引全世界优秀设计师。伦敦时装节的"新生代推介机制"和"时装产业化推动机制"，有效助推了时装设计师的孵化和培养。美国高度注重时尚教育和人才储备，通过众多知名时尚设计类专业院校为时尚产业发展输入了必要的人才储备。新加坡在全球最早开展数字技能教育，调整教育投资方向和课程设置，新增人工智能、网络安全、软件开发、大数据等专业，培养信息技术专业、数字应用人才。此外，新加坡还通过整合中西方教育优势，结合产业发展需求，大胆创新，打造国际时尚课堂。

（三）平台、龙头企业、消费主体是发展的关键抓手

产业平台有利于提高资源配置效率，贯通产业上下游环节。企业是产业发展的核心主体，企业强，产业才能强。消费者代表市场，是产业发展的风向标，产业发展最终要靠市场。以时尚产业中的纺织服装行业为例，全球十大服装企业，时尚产业第一梯队的美国占据4家，法国占据2家。对于数字经济中的电商产业而言，我国的阿里巴巴、京东分别位列全球第二、第三，已经形成绝对优势。我国上海、北京、杭州、深圳等多地注重数字时尚平台和企业主体培育，地方政府鼓

励发展非营利性质时尚促进中心、时尚产业综合体等平台，聚集电子商务、数字经济龙头企业，大力优化数字时尚消费环境，为区域数字时尚产业发展提供硬核支撑。浙江温州通过建立时尚产业综合体、温州家园等信息服务平台以商招商，打造时尚之都。广州、深圳等城市以培育新型时尚消费领先示范企业为目标，通过组织线上时尚消费活动，优化电子商务网络体系，畅通数字时尚消费堵点，大力开展放心消费创建活动，完善平台经济消费者权益保护规则，营造了线上和谐的消费环境（表2-3）。

表2-3　国内城市平台搭建和企业集聚典型做法

城市	举措
上海市	成立上海时尚之都促进中心，打造时尚产业开放性服务平台，成功集聚了百度、IBM等电子信息企业和亚马逊、微软等知名云服务商在沪设立地区总部或运营、研发中心。互联网信息服务业也聚集了拼多多、携程、小红书等18家全国百强互联网企业。为发展文化创意产业，全面推进全球影视创制中心、艺术品交易中心、亚洲演艺之都、全球电竞之都等建设
北京市	为建设全球数字基础设施新高地，聚集了一批全球数字经济标杆企业，如美团、字节跳动、小米、京东等民营上市公司，吸纳全球人工智能、时尚创意、经济管理、法律等高端人才。积极建设国际消费中心城市，集聚优质品牌首店首发，打造全球首发中心。全面加大"虚拟试穿"、AR（增强现实）导购、AR互动游戏等数字消费场景建设力度
杭州市	通过数字赋能建立浙江省服装产业创新服务综合体，全面推广时尚产业的数字化应用。依托阿里云建设纺织服装垂直行业级平台，提升企业数字化转型动能。出台政策精准扶持直播电商，成立全国首个"直播电商数字治理平台"，为全国直播电商的综合治理、打造绿色直播间提供了样本
深圳市	长期以来秉承开放多元的时尚文化，成功吸引文博会、文交所、国家文化创意产业投资基金等多个国家级产业发展平台落户，为培育具有较强竞争优势的时尚（文化）行业，全面构建较为完备的现代时尚（文化）产业体系提供支撑

（四）硬件设施和文化软环境是发展的必要支撑

数字时尚的典型特征是网络外部性，数字基础设施是推进数字时尚发展行稳致远的关键抓手之一。北京、上海、深圳、杭州等城市十分注重强化产业链、基础设施建设，为数字时尚生态体系的发展完善奠定了基础，为数字时尚提供了广泛的应用场景和庞大的市场需求。文化是产业发展的根基，而营造浓厚的数字时尚氛围是实现产业持续发展的重要条件之一。

国际时尚之都普遍重视营造时尚文化氛围，具备强烈的时尚文化底蕴作为支撑。例如，浪漫文化的法国也是欧洲的历史文化中心；服装文化浓郁的意大利米兰，也是世界历史文化名城、世界艺术之都；纽约拥有世界著名的展览馆、画廊等艺术殿堂；英国每年举办伦敦时装周、英国时尚大奖、伦敦设计节等世界重要时尚活动和比赛。这些时尚强国与文化之都常年举办全球数字技术、时尚设计、展览活动和赛事，集聚国际知名品牌，全面引领全球数字时尚。作为欧盟数字时尚的代表，法国十分注重时尚文化保护和培育，通过高端奢侈品设计引领全球时尚文化。美国高度注重时尚宣传平台搭建，通过杂志等媒介传输主流时尚资讯，扩大时尚影响力，同时通过建立世界级艺术文化中心，抢占世界艺术高地，成为时尚产业发展的重要支撑。我国的上海、北京、广州、深圳等数字时尚发达城市多接轨国际潮流，常年举办全球时尚活动，如杭州的"中国时尚大会——全球峰会"、上海国际时尚展览会、北京的"北京时装周"、浙江的中国浙江投资贸易洽谈会和博览会等。这些活动能够吸纳全球设计大师等具有国际视野的领军人才，也能为新锐设计师提供展示平台，包容开放、兼容并蓄的城市文化得到展示和宣传。

（五）参与国际规则制定是抢占国际市场的重要途径

多个数字经济和时尚产业贸易强国抢抓机遇，制定有利于自身贸易和经济增长的国际规则，并通过贸易协定的方式使其国际化，打造和维护先发优势。欧盟历来重视行业规范和标准的制定，积极推进数字贸易便利化。虽然当前欧盟在数字经济市场占有率相对不高，尤其是人工智能科技的落后和巨头数字科技企业的缺乏，但欧盟积极通过规范人工智能伦理规范、制定相关监管规则，扭转数字经济劣势，重塑数字经济话语权。从欧盟与韩国、加拿大、越南等国签署的自由贸易协定看，都有数字贸易的专门条款，如关税减免、信息保护等。英国采用数字技术建立出口支持体系，以智能数据库链接国外电商服务平台，大力推广跨境在线销售。以数字技术优化海关服务，以适应贸易方式发展的新需要。美国在参与数字贸易国际规则制定方面，则主要通过自己主导的一系列双边和多边贸易谈判，把其认可的数字贸易标准作为重要约束性条件，虽然抢占了市场，但这种强权做法在某种程度上破坏了国际贸易规则，扰乱了国际经济秩序。

四、数字经济背景下我国时尚产业发展战略

（一）我国数字时尚发展的战略研究

1.实施产业生态建设战略

我国时尚产业规模巨大，产业链条完整。随着数字技术的发展，我国时尚产业已从原先单向的品牌—经销商—零售商—终端消费者的单向链条合作状态和信息沟通方式，发展为多方力量参与、多方互联互通和多向信息反馈的生态圈系统。时尚产业的信息流通和合作模式已经改变，以设计、品牌为核心的价值理念将进一步凸显。我国要发挥优势，抢抓机遇，全面整合资源，提升以设计为核心的产业链关键环节影响力，构建产业链纵向贯通、横向跨界融合、创新和资金协同的产业生态系

统，全面深度融入全球数字时尚产业创新链、供应链，提升价值链环节，向数字时尚第一梯队进发。

构建数字时尚发展产业生态圈，需要政府、企业、消费者对数字经济有较为统一的认识，专门为数字时尚产业制定相关政策体系。需要注重培育数字时尚市场主体和平台，鼓励发展时尚促进中心、时尚产业数字综合平台，聚集数字经济、时尚经济和电子商务经济的龙头企业，共同提升数字时尚产业生态圈水平。需要不断强化数字基础设施建设，为数字时尚生态体系的发展奠定基础。与此同时，需要不断完善刺激数字时尚消费的政策方针，注重消费主义权益保护，积极营造线上安全放心的消费环境。

2. 实施数智化升级战略

数字化、智能化是全行业未来最确定的发展趋势之一。数字化能够通过数字技术助力企业经营优化、技术创新与协同合作，带动产业集群的生产过程升级、产品服务升级和价值链条升级等，为产业转型升级提供关键驱动力。在新零售背景下，时尚产业需要应用新技术、新理念提升"思变"能力。时尚产业要颠覆传统生产模式，推动通过数字化实现按需设计、按需生产、按需配送的智能化产业转型，选择龙头企业全面布局实施自动化、智能化改造，同时引导中小企业实施智能制造。建立时尚产业数字技术创新联盟，实现时尚产业全产业链创新。

当前数字时尚中数字化程度最高的"虚拟时尚"为时尚产业带来了突破口。随着元宇宙概念的提出和应用，尤其是VR、AR技术的广泛运用，时尚产业衍生出全新的时尚产品类型——虚拟时尚产品，某种程度上创造了全新的时尚新物种。虚拟时尚产品通过游戏植入、虚拟试穿等手段在社交媒体平台上通过数字时尚表达自我，极具创新性和表现性，给消费者带来全新体验，正在开启数字时尚产业新纪元。目前，应充分抢抓机遇，将虚拟时尚打造成为时尚产业新的增长极。

3. 实施创新驱动战略

创新是产业升级第一动力，国内外经验表明，创新是国家时尚产业发展的关键引擎。数字时尚之所以能够发展起来，除了实体时尚行业本身需求外，关键依赖数字技术发展。新一代的数字和信息技术在时尚产业的应用尚处于起步阶段，随着消费需求的升级，有大量的关键核心技术和基础研究需要探索。我国数字时尚产业需要发挥我国人才、资源、资本等要素优势，加快布局数字时尚产业的国家创新平台，培养时尚产业创新研发机构，推动数字智能化、绿色环保等关键技术及装备的研发与应用，进一步完善产学研合作体系，提升数字时尚产业自主创新能力。

数字时尚可发挥跨界融合的优势，开展技术、消费、供给、平台等多维度的创新，进一步加快时尚产业迭代更新速度，在当今国际时尚市场新格局中开辟新局面，打造具有国际竞争力的国家战略产业水平，实现新时期数字时尚产业的高质量发展。

（二）我国数字时尚发展的目标研究

1.建设数字时尚产业集群

产业集群从整体出发挖掘特定区域的竞争优势，能够在一定空间范围内降低成本，提高规模经济效率和范围经济效益，从而提高产业的市场竞争力。我国除了北京、上海、杭州、深圳等传统时尚产业集群之外，各地区需要根据自身资源优势推动资源型或技术型的产业集群建设。通过数字时尚产业集群之间的联动进一步升级我国数字时尚产业生态圈。数字时尚产业集群除了能提高生产效率之外，也有助于提供良好的创新氛围，有利于促进知识和技术的转移扩散，降低企业创新成本。时尚行业变革的终极目标是为促进商品供需的平衡，解决库存难题。一方面，企业需要更深入地了解消费者需求，另一方面，企业需要加强自身供应链管理，实时掌握供应链运转情况，根据市场变化及时调整。积极搭建产业平台，促进产业链上下游企业供需无缝对接。积极培育"链主"企业，增强辐射带动作用，完善产业配套服务体系和资源要素保障能力。

2.构建数字时尚产业运营体系

以消费者为目标，以传统核心资源为基础，遵循数字经济发展规律，创新商业模式，完善产、供、销配套运营体系，将数字时尚最大范围和深度地变成消费习惯。依托信息精准对接，发展时尚智造新模式，建设数字化无人工厂。以人工智能、虚拟现实、增强现实等新技术赋能，适应体验型、享受型、品质型消费升级的需求，开展数字时尚产品到生活方式的沉浸式体验区、综合体验类场景建设，建立线上线下相结合的数字时尚营销体系。积极培育"数字时尚空间""数字时装秀"等数字化时尚消费场景，鼓励建设虚拟商店，引导消费者进入数字时尚前沿。零售终端要为消费者提供一体化、无缝衔接的全渠道购物体验，推进时尚消费产品向生活方式转变，搭建新的产业生态。

3.挖掘文化资源，提升品牌竞争力

如今，从消费互联网到产业互联网，消费习惯和消费方式已经发生了翻天覆地的变化。全球创新版图重构的新环境下，我国数字时尚产业要进一步增强原创设计能力，强化文化输出，提升国际影响力。新中式、新国潮、国风美学等文化原创设计获得众多消费者的青睐。数字技术为时尚产业企业掌握国内外市场动态和消费者需求提供信息支撑。我国时尚产业通过融合东西方文化，体现科技时尚，依托品牌战略，推动供应链和渠道创新，提升国际市场占有率。中国文化源远流长，我国时尚产业要进一步挖掘好、利用好、发挥好这些独特的历史文化资源，培育符合我国时尚文化的品牌气质，全面提升创意设计核心竞争力，建立品牌的引领性，为加快打造世界级产业集群提供动力源。

（三）我国数字时尚发展路径研究

1.强化数字时尚技术创新

数字时尚产业的发展基于对数字技术的依赖。数字时尚之所以能够发展起来，除了实体时尚行业本身需求外，关键依赖数字技术发展，尤其是受到数字平台发展的刺激。当前在全球范围内，时尚企业正在加大数字技术的投资。据麦肯锡预测，到2030年，时尚公司科技投资将会上升到收入的3%～3.5%，数字技术作为时尚产业"第一生产力"角色越发关键。我国要积极探索科技所带给时尚产业的影响，强化基础研究，通过科技解决数字时尚可持续性的问题，同时，重视发挥企业在创新中的主体作用，鼓励企业通过技术创新获得竞争优势。高度个性化是消费者对时尚品牌的极致追求，也是时尚企业数字化的有力支撑。在未来，时尚企业可以更好地利用数字技术，为消费者提供更加量身定制的精品服务，实现消费者忠诚度的提升。

2.培育一批平台和龙头企业

建设一批国际时尚潮流发布平台，扶持时尚企业数字化转型，打造一批具有全球影响力的数字时尚产业高地。一是加强对具备国际竞争力数字时尚企业支持，通过国际交往、自由贸易谈判、国际科技合作等渠道提升国际影响力，增强龙头带动能力；二是通过税收优惠、金融支持、财政补贴以及领军人才引进等手段，重点培育一批数字时尚"隐形冠军"企业；三是鼓励时尚企业提升自身的数字化创新和研发能力，提升数字化供应链管理能力，提升数字化商业运营能力，最终形成龙头带动、细分配套支持的数字时尚企业发展格局。

3.创新商业模式抢占全球市场

重视年轻消费群体所关注的热点趋势，迎合年轻消费者的体验，尤其是伴随互联网成长起来的一代。鼓励数字时尚企业创新商业模式，通过开设虚拟商店、与游戏公司联名、与虚拟化身平台合作、与虚拟模特合作等多种方式扩大影响力，快速推动数字时尚产业发展。根据2021年英国时尚科技公司Lyst与The Fabricant联合发布的数字时尚报告，数字时尚的主要消费者是伴随互联网成长起来的年轻消费者。此外，我国注重积极营造合作氛围，鼓励企业抱团走出去。

4.培育和提升文化软实力

文化是时尚产业的内生动力。一是强化中国特色文化的挖掘，将我国的文化优势转化为特色时尚产业优势，同时加强国际宣传和营销，推进我国时尚文化国际化。二是建设世界级时尚展览中心、特色时尚消费一条街，积极组织全球知名时尚节、时尚大赛、展览会等，聚集全球时尚企业家、设计工作者及消费群体。三是完善科研、教育、培训体系建设，加大对高校建设数字时尚学科的支持力度，促进数字时尚与计算机科学、法学和管理学等多学科融合发展；加大数字时尚学科教材编写力度，开发数字时尚课程体系和数字时尚课程资源；加大对数字时科基础理论人才和团队的引进和培养力度，着力培养既懂时尚经济又懂数字技术的复合型人才。四是加大数字时尚基础理论研究的平台建设，探索建设开放式虚拟化研究机构等新模式，打造有影响力、"政企学研用媒"协同合作的国际化数字时尚研究智库。五是加强数字时尚产业知识产权保护，营造和谐竞争的文化氛围。

5.建立数字时尚政策法规

当前我国数字时尚产业未建立健全的政策体系，专门的数字时尚监管机构尚未形成，数字时尚数据追踪统计方面还没有专门的部门跟进，行业发展相关的协会等社会组织力量不强，未来要加快制定数字时尚战略和规划，细化实施方案，确保可落地可监督；建立产学研协同机制，出台鼓励数字时尚发展的相关措施，尤其是科技产业化、融资、税收等优惠政策，鼓励数字时尚新业态发展；强化政府和社会组织建设，定期统计和监管各类电子时尚平台（如电商微商、直播平台、跨境电商）数据，全面掌握数字时尚的发展情况。数字时尚产业创新需要企业根据市场的变化不断更新和突破原有模式，更需要通过立法调整，为产业升级和革新提供良好的创新环境。基础法律能够引导数字时尚产业发展的规则创新，规范制度能够保障数字时尚产业的变革模式。例如，可借鉴欧盟经验，强化产业政策及方案制定、监督实施，出台必要的法律法规，用于引导、规范数字时尚发展，优化营商环境，建立公平竞争的环境，保护消费者权益，营造良好的发展氛围。

6.积极参与国际规则制定

与西方发达国家相比，我国的数字时尚虽然市场规模占比较大、发展历史较长，但参与国际数字时尚规则制定的程度较低。目前，西方发达国家非常重视国际规则的制定，很早就已经以双边、多边自由贸易协定的方式要求别国遵守本国规则，间接推动国内规则国际化。当前数字时尚国际规则尚未成熟，我国应依托先发优势争取更多国际规则话语权。我国要抓住"一带一路"倡议、数字丝绸之路建设、丝路电商建设等契机，加强发展战略对接，加强数字基础设施建设与电子商务、互联网、网络安全等方面的合作，共同参与制定数字时尚国际规则，共同打造有利于数字时尚产业公平、公正、开放的发展环境，维护和完善多边数字时尚治理机制，共同促进世界经济包容性增长。

（陈文晖　北京服装学院时尚研究院

李虹林　中咨投资管理有限公司）

参考文献

[1] 罗兰贝格.行动在即，共塑可持续时尚——中国时尚产业的可持续之路白皮书[EB/OL].罗兰贝格，2022.6.9.

[2] 宋懿.数字思维：时尚可持续进程中的一种创新框架[J].艺术设计研究，2022（2）：17–22.

[3] 张杨傲冰，刘元荻，黄楠，等.数字经济背景下时尚产业发展模式研究[J].中国市场，2021（30）：8–9.

[4] 时尚电商年度报告：10大发展现状及趋势解读[EB/OL].雨果网，2022–2–21.

[5] 行业洞察.疫情反逼时尚产业加快数字化变革[EB/OL].数据公园，2021–11–26.

[6] 吴立，顾伟达，负天祥.首都时尚产业赋能城市更新发展[J] 人民论坛，2021（30）：86–89.

第三篇

专题研究篇

第三章　数字化新生态与我国时尚产业发展

当今时代，以信息技术为代表的新一轮科技革命和产业变革加速推进。党的十八大以来，党中央高度重视数字生态建设。特别是国家"十四五"规划和2035年远景目标纲要、2021年政府工作报告以及党的二十大报告中，都明确提出要营造良好数字生态。在此背景下，通过数字赋能，有效链接数字科技与时尚产业，构建数字时尚创新生态共同体，对时尚产业的数字化转型和高质量发展起到了重要的支撑作用。

一、数字生态的内涵与特征

（一）数字生态的内涵

《中华人民共和国国民经济和社会发展第十四个五年规划和2035年远景目标纲要》明确提出，要"打造数字经济新优势，加快数字社会建设步伐，提高数字政府建设水平，营造良好的数字生态"。这是"数字生态"概念首次出现在国家战略规划文件中。数字生态，可以定义为数字时代下，政府、企业和个人等社会经济主体通过数字化、信息化和智能化等技术，进行连接、沟通、互动与交易等活动，形成围绕数据流动循环、相互作用的社会经济生态系统[1]。

王娟、张一、黄晶等人按照"投入→转化→产出"的逻辑构建了涵盖数字基础、数字能力、数字应用3个维度，基础设施、数据资源、政策环境、数字人才、数字创新、数字安全、数字政府、数字经济、数字社会9大指标的数字生态指数[2]（图3-1）。

其中，数字基础是使数据成为生产要素的保障性环境，包括技术环境、制度环境、要素交易环境等；数字能力是使数据发挥信息价值的功能性条件，包括科技手段、人才等；数字应用是使数据价值得以变现的应用场景环境，包括政务领域、商业领域和民生领域等。

---

[1] 晋浩天. 数字生态将改变什么 [N]. 光明时报，2020-10-12.

[2] 王娟，张一，黄晶，等. 中国数字生态指数的测算与分析 [J]. 电子政务，2022（3）：4-16.

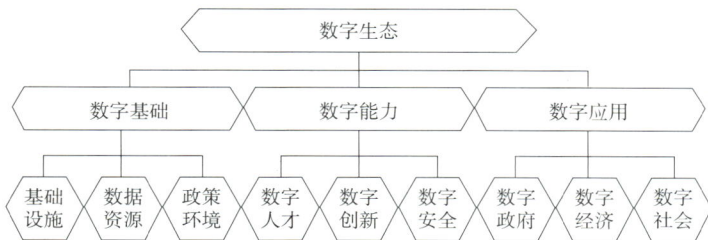

图 3-1　数字生态指数体系

良好的数字生态，可以使地方的小循环带动地区大循环，进而参与国内大循环和国内国际双循环。从行业角度来看，数据资源作为一种重要的生产要素，高度数字化的企业或行业很容易形成自然垄断，这也就意味着该行业的其他竞争对手，要么成就自己的数字生态，要么加入别人的数字生态。

（二）数字生态的特征

中国软件网、海比研究院发布的《2021中国企业数智生态发展状况研究报告：抢占五新生态》提出了数字时代背景下数字生态的五大新特征。五新即新技术、新产品、新业态、新模式、新渠道，五新生态涵盖技术创新、产品能力以及产业落地三个维度。

新技术是指包括云计算、人工智能、大数据、物联网、区块链在内的数字新技术。新技术的存在，意味着可以有效提升产品力，降低交易成本，促进生产与服务融合。

新产品是具备广度、深度、精细度特征，能够下沉千行百业，推动数字技术同实体经济融合的数字产品，包括智能设施、互动体验、智慧应用等方向。以借助由数十亿台智能设备生成的大量物联网数据为例，数字化不仅可以降低成本，提高生产质量、灵活性和效率，还能缩短对市场需求的响应时间，开辟新的商机和服务。

新模式、新业态、新渠道互为融通，直播带货、智能支付等新模式的应用，有利于打破原有格局，增加资源利用效率，构成多元化、个性化的新业态。技术融合、行业融合的双重整合，使数字生态中的任何企业都有可能成为通路，为传统渠道新型发展与布局打开视野。

以五新生态为观察视角，可以帮助类型不同、角色不同的企业明确方向，找准定位。在五新生态下，数字经济发展方式和商业模式，将产生多样碰撞，实现多种商机可能。

二、数字生态下我国时尚产业创新发展的成效

数字赋能之下，时尚行业的创新体系、生产方式和产业形态不断重塑，加速迈

向更广范围、更深层次、更高水平的新阶段。

（一）跨界融合构建时尚企业伙伴关系

中国时装产业从早前单向的品牌—经销商—零售商—终端消费者的链状合作和信息沟通模式，发展为现在多股力量涌现、多方互相联通、信息及时反馈的生态圈系统。除了传统的品牌、经销商、零售商外，更多的参与方，如电商媒体、网红营销、社交电商等开始涌现。无论是信息流通还是合作模式都发生了翻天覆地的变化：品牌和互联网公司的营销合作，如 BURBERRY 和谷歌、LINE 和梦工厂；品牌和科技公司的产品合作，如爱马仕和苹果手表的联名款；品牌与品牌之间的合作，如 Adidas 和 STELLA McCARTNEY（斯特拉.麦卡尼特），LOUIS VUITTON 和 Supreme 的联名款；品牌和电商的合作，如海澜之家和太平鸟与天猫达成在品牌建设、大数据运用和全渠道融合的新零售战略合作；国内和国外奢侈品电商的合作，如京东投资 FARFETCH（发发奇）等。总体而言，在数字新生态体系下，时尚产业中的各类市场主体通过找到自身在生态圈里的角色，整合适当的资源，寻找互惠互利的合作伙伴，实现联动和共赢发展（图3-2）。

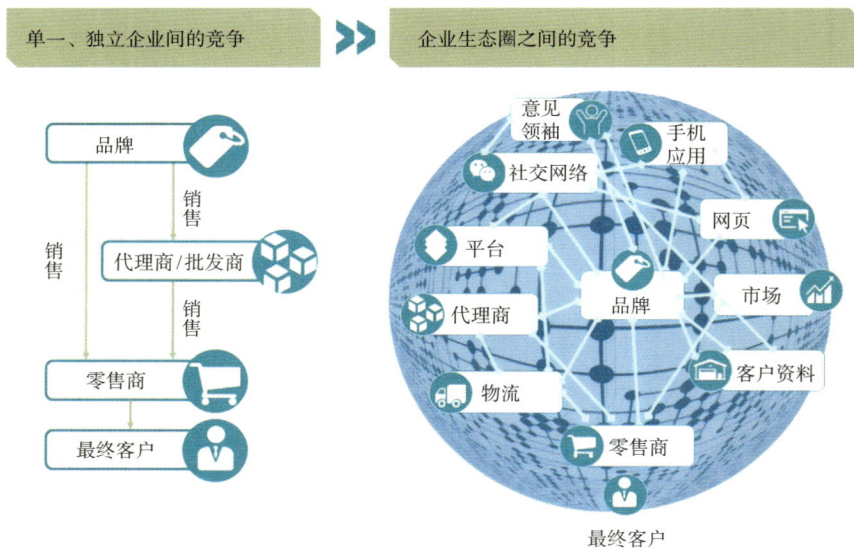

图 3-2　从单一、独立企业间的竞争到企业生态圈之间的竞争
资料来源：麦肯锡。

（二）企业抱团打造时尚创新共同体

2021年4月28日，时尚产业数字技术创新联盟（Digital Technology Alliance for Fashion Industry，FDTA）在深圳大浪的中国纺织创新年会设计峰会上正式宣布成立。

该联盟以构建时尚产业数字创新生态共同体为愿景，搭建了以科技企业和时尚企业为核心的创新生态组织，围绕协同创新、技术咨询、市场营销三个方面开展合作。目前，FDTA的成员伙伴由19家拓展至33家，涉及时尚产业链的智慧预测、智慧设计、智能制造、智慧发布、智慧营销和智能纺织品六个细分应用领域。

FDTA通过专业研究报告、跨界高峰论坛、联合推广活动、投融资服务等方式，实现联盟内企业、科研单位等互利共赢。

作为FDTA的发起单位，中国纺织信息中心、国家纺织产品开发中心联合展开系统研究，出版了《时尚产业数字技术展望》研究报告。该报告内容涵盖智慧设计、智能制造、智慧营销与智能纺织品四个专业维度，推荐了来自科技、纺织、服装和机械装备企业的60余份优选案例，为纺织服装企业数字化转型战略提供价值创造建议。

在2021年举办的世界布商大会分论坛全球时尚产业数字化转型高峰论坛上，FDTA组织多家数字科技企业与近百位来自海内外的时尚企业家及相关领域专家，交流、探讨行业数字化转型之路。

在全球规模最大的专业展会——中国国际纺织面料及辅料博览会上，由FDTA打造的数字时尚创新空间（Digital Fashion Space）正式亮相。14家数字科技企业面向近3000家参展纺织服装企业、近10万参展观众展示了最新的数字技术成果。该活动帮助数字科技企业有效触达目标用户群体。

据不完全统计，联盟内成员企业融资金额约合25亿元人民币。在入盟的一年里，七家企业先后获得新一轮融资，总计约合13.6亿元，分别是小冰科技、心咚科技、商询科技、Convertlab、帷幄匠心科技、万像科技和魔珐科技。

（三）数字赋能营造时尚消费新场景

新场景建设可以解决产业升级中的难点痛点问题，有效承载新技术、新产品迭代升级和示范应用，形成可复制、可推广的商业模式，最终打造形成具有黏性的产业生态系统。北京市高度重视新场景建设，于2020年6月，发布实施《关于加快培育壮大新业态新模式促进北京经济高质量发展的若干意见》。为加快新场景建设，又发布了《北京市加快新场景建设培育数字经济新生态行动方案》，其核心思路就是以场景驱动数字经济技术创新、场景创新与新型基础设施建设深度融合为引领，聚焦人工智能、5G、物联网、大数据、区块链、生命科学、新材料等领域新技术应用，积极推广新业态新模式。在此背景下，"2021北京消费季"聚焦首发、首秀、时尚、智能等新消费潮流，北京组织开展了夜京城、北京音乐角、网红打卡地评选等170余项商旅文体促消费活动，推出一批新消费地标、商圈、生活圈等新场景，助力提升品牌、品质、品味消费。

（四）消费升级促进产品更新迭代

消费者的购物需求更加多样化，传统品牌面临着小众设计师品牌的竞争，因此品牌方的产品迭代速度必须加快，必须更能捕捉消费者口味的变化。例如，耐克的产品创新流程从以前的三年缩短到现在的六个月，制造产品样板从以前需要12个技术人员到现在只需要2个人，产品评估过程从以前的4~6周缩短到1~2天。从设计的角度来看，之前是品牌单向主导设计，现在会通过大数据分析及时捕捉消费者的偏好，并将其融入设计。品牌为消费者提供定制的比例也有所提高。

三、新时期时尚生态的发展趋势

（一）时尚生态将是多要素、多模式的整合

未来时尚生态是一张纵横交错的链条网，是一种多要素、多模式的组合形态体。它有着汇聚了城市空间、产业形态、商业业态、生活方式等的线性时尚生态表达，也有着融合了文化传承、艺术表达、科技创新、产品设计等的点状时尚生态呈现。正如中国纺织工业联合会会长孙瑞哲所说，未来时尚的进化曲线，以往是替代的逻辑，现在则演变为补充的逻辑。文学、建筑、电影、绘画、雕塑……不同领域内的艺术，以及中国传统文化、非物质文化遗产与当代时尚艺术的融合，都将为未来时尚产业的"无界"创新补充可贵的能量，缔造多元的发展路径，帮助我们迎来一个富有审美品位的精神贵族时代。

（二）时尚生态将是科技与文化的融合

科技创新必将成为未来时尚生态的有力抓手与必要支撑。近几十年全球范围内所发生的技术革命与二百多年前的工业革命有着本质的区别，它的本质是建立在互联网逻辑基础之上的信息革命，而信息态的虚拟价值恰恰是未来时尚产业的核心价值。可以说技术手段给人类的时尚生活方式带来了革命性变化，使未来时尚产业的提速发展和繁荣成为可能。

以信息技术、智能制造、新能源和新材料为代表的新一轮技术创新浪潮时代的到来，为未来时尚产业的升级带来了前所未有的历史机遇。数字化、网络化、智能化、服务化为时尚制造业高度"赋能"，使整个产业链更柔性、智能、敏捷、高效，基于互联网、大数据的商业模式、服务模式、管理模式及供应链、物流链等各类创新也在加速打通未来时尚生态的"任督二脉"。

科技手段和信息技术的发展在生产、流通和消费等诸多方面都对未来时尚生态形成了直接刺激，增强了未来时尚产业的生产能力，缩短了未来时尚传播的全球化距离，扩大了未来时尚产业的市场容量，可以说，技术创新成为驱动未来时尚产业

的必要条件和基础设施。与生活方式的变迁相伴随的，是生产方式的"智慧融变"与"智慧生态"。

（三）构建时尚生态的路径呈现多元化

新时期的时尚生态需要城市管理者、产业从业者、商业运营者、设计师、艺术家、科技工作者等协同共进，共同构建涉及品牌建设、科技创新、设计表达、文化传承、艺术跨界、市场发展等多维生态圈。从行业的角度看，要在有条件的地区设立以设计为引擎、以科技为抓手、以中华民族文化复兴为结果的"未来时尚生态纺织产品实验室""中华服饰文明研究院"等；从城市的角度看，要根据其自身产业特点，规划打造未来时尚生态园区、小镇；从商业的角度看，集艺术、科创、文化、设计于一体的复合型未来时尚生态城将取代现在的只满足浅层次吃、喝、玩、乐、购的商贸综合体；从企业的角度看，要建立自己的未来时尚产品生态、商业生态和核心文化生态等。

四、新时期时尚生态建设的主要任务

（一）构建完善数字时尚产业体系

重点在创意设计、时尚制造、文化创意、时尚消费等领域推广数字技术的创新性运用与基础性渗透，培育壮大数字时尚经济，依托数字化技术和信息化平台，将促进从单一固定的有限供给向多元化、精细化、定制化的有效供给加速迈进，推动时尚产业向规模化定制、柔性化制造、服务型制造升级，打造时尚经济增长新引擎。

1. 数字时尚可为产业链上游提供技术和平台的整合

主要提供面料数字化、柔性体仿真、3D设计、XR展示和区块链交易平台等软硬件，在设计开发方面，凌迪科技、时谛智能、华为等赋能时尚产业数字化全流程；在XR展示方面，微鲸、HTCVIVE等加速时尚领域XR解决方案落地；在区块链交易平台方面，字节跳动、蚂蚁、百度、小红书等企业积极布局。

2. 数字时尚可以助力独立设计师和品牌商创新发展

主要包括数字原生设计师、数字时尚品牌和实体时尚品牌。数字原生设计相对于手绘和纯手工传统方式而言，具有3D设计技能，通过软件工具进行创意数字设计，已经开展了较多数字时尚领域的先行探索。数字时尚品牌相对于传统品牌而言，仅涉及创意虚拟服装配饰和潮流单品的产出，当前主要有品牌自营和签约设计师两种运营方式。

3. 数字时尚可以提升流通和应用端的效率和附加值

流通端包括虚拟时装秀和数字藏品发行等，终端用户包括潮流人士、虚拟人物和宠物等。虚拟人物又包括游戏角色、虚拟偶像、代言人、主持人、模特等，主要用于游戏、发布会、庆典、时装秀场等特定活动场合。针对宠物的虚拟服饰目前数量较少，但未来具有可观的发展潜力。

（二）积极搭建数字时尚资源平台

依托新一代信息技术，整合头部时尚展会、典型时尚类园区、龙头时尚类企业、核心供应链商等，着力聚合电商源头工厂直采、时尚创意品牌强势发布、数字化平台/服务商深度赋能、跨境电商全域资源整合、网红达人机构跨界合作等时尚"人—货—场"全新资源，构建以"大数据消费洞察＋高质量内容生态＋高效率供应链体系"为核心的数字时尚资源平台。

1.源头配货直采

集合优质服装服饰源头工厂和时尚好物，为各类国内电商、品牌、机构提供厂货直采选品平台，实现从面料到服装的全链路柔性快速反应供应链工厂推荐，更好地展示各地"产地好物"优质名片，无缝对接超级工厂与线上订单。

2.时尚创意设计策源

整合优质时尚创意设计要素资源，甄选时尚创意品牌和原创设计新品，以新势力潮流文化和新奇的创意体验，实现时尚设计理念的交流互动和创意迸发。

3. KOL带货集聚地

时尚品牌与买手、圈层KOL、带货达人、流量明星等开展合作，通过直播打榜赛、达人展示屏、品牌签约会等形式，帮助达人面向全行业推介，对接品牌合作，实现新消费的精准触达和流量价值的完美转化。

4.数字技术创新应用平台

集结数字时尚新赛道的各类电商平台、服务商、数字科技、产业互联网、元宇宙等数字化创新力量，将时尚产业、渠道、营销端的前沿数字化科技、产品应用、配套服务一站式整合，提供市场化、商品化、可转化的产品，为布局未来产业提供全链路数字化解决方案。

（三）打造时尚媒体多维营销体系

1.打造知名时尚展会平台

提升中国国际服装服饰博览会、国际时尚生活博览会等知名时尚展会发展水平，联合世界知名平台机构、行业协会，培育和引进时尚产业及相关领域的专业品牌展会，扶持和打造一批具有国内国际影响力的品牌性时尚展会（节），充分利用时尚发布、展示、交流、交易等平台资源，发布时尚潮流讯息。稳定提升专业市场发展成品牌集聚展贸数字平台，打造不落幕的时尚展网红打卡点。

2.搭建特色时尚传播平台

支持北京、上海、广州、深圳等时尚产业发展较好的城市，建立与伦敦、巴黎、纽约、米兰等国际著名时尚城市的联动关系，鼓励时尚产业的顶级设计师到国内进行"名师"发布、"名品"首发等活动。吸引世界知名时尚传播媒体落户国内城市，培育打造具有核心竞争力的自有时尚传播媒体。推动全球时尚设计师、时尚品牌、时尚用户信息交互，提升中国时尚产业国际影响力。

（四）着力打造产学研协同创新体系

1.数字化智能时尚设计平台

以设计学为核心，依托高等院校及科研院所在服装服饰文化、服装服饰传承与创新设计、服装新材料和高性能服装、产品与数字化媒体设计等领域独特优势，建立数字化智能时尚设计平台，力争成为国家级纺织服装创意设计示范平台；建立数字化传统/民族服饰元素数据库、版型数据库、款式数据库、工艺数据库。利用3D技术实现设计图3D样式在线展示，提供服装潮流分析和趋势解读；利用北京服装学院、东华大学、中央美术学院等高等院校丰富的国际设计师友人、设计学科带头人、优秀设计师校友等资源，实现国内外一流设计大师与新锐设计师的现场授课与网络交互；为服装品牌、设计师等提供所见即所得的服装设计平台服务，为年轻设计师提供创业服务。

2.打造数字时尚共性技术研发应用平台

加强与中国纺织信息中心、中国纺织工业联合会、北京服装学院、中央美术学院、清华大学、东华大学等机构和院校的合作，系统研究分析全球数字技术的发展趋势，为时尚产业数字化提供先进适用技术、优秀解决方案和成功实践案例。鼓励各方合作共建不同专业领域的时尚产业数字技术联合创新实验室，加强关键共性技术的研发、重要关联技术的集成以及加速成熟技术的产业化应用，开发一批具有自主知识产权的时尚产业数字化软件与解决方案，开展数字技术研究成果的应用实践及示范推广。引导龙头企业、工业互联网平台企业与中小微时尚类企业共建数字技术供需对接平台，向其提供"低成本、易维护、强安全、高效能"的数字技术先期应用。

3.打造数字时尚知识产权服务平台

建立完善的电子确权系统，通过网络向数字时尚IP权利人发放数字证书，优化确权流程，减少人力物力以及时间成本，提高确权效率。完善版权费用支付体系，明确版权费用支付渠道。培育一批知识产权专业性服务机构，为时尚企业提供数据资产，提供确权、评估、交易等服务，强化时尚企业数字信息隐私保护。

（五）强化时尚生态基础设施建设

1.积极参与城市更新计划

利用BIM（建筑信息模型）/GIS（地理信息系统）/CIM（城市管理模型）等技术成果为基础开发更多的数字化产品与服务，让时尚创意空间的功能嵌入到城市更新，形成城市更新的主动造血机制，实现城市空间布局与产业布局相协调，使城市因为时尚产业的鲜活注入和新陈代谢，成为真正有机的生命体。

2.主动融入新型基础设施建设

以产业园区、时尚商圈、电商平台等为重点，加大时尚产业新基建建设力度。将重点园区、商圈优先列入千兆固网和5G网络建设计划，支持各地时尚类国有骨干企业及时尚类电商平台打造时尚产业数据中心，推出基于数据平台的人工智能应用、云服务和供应链管理服务。围绕产业高附加值环节建设工业互联网平台，依靠新一代信息技术实现对制造配套环节的远程技术部署、工艺改造和产能控制等。

3.打造特色数字技术应用场景

加强数据资源挖掘分析，如用户行为分析、情感语义分析、社交媒体分析等，打造一批满足新兴消费需求和体验的数字技术应用场景。在主要城市的重点商圈试点建设智慧商店、智慧街区、智慧商圈，鼓励和引导门店设施加快数字化改造，建设一批数字化试衣间、沉浸式互动场景设施、虚拟试用装置，加大5G+4K/8K直播、AR虚拟试穿、VR虚拟购物等体验式消费场景应用等，创新搭建"时尚＋动漫影视""时尚＋文创""时尚＋工业"融合体验场景，逐步实现商圈核心业务在线化、运营管理数字化、消费场景智慧化，促进现有时尚类园区向体验式、参与式、互动式提质升级。

（六）加强时尚生态建设政策引导

1.加强枢纽型行业协会建设

完善政府购买服务机制，鼓励行业协会、产业联盟参与制定相关规划、政策、行业标准等事务。整合各方资源，支持行业协会做大做强，开展产业论坛、行业研究、行业培训、国内外展会、设计大赛等，推动深圳时尚产业各行业协会专业化发展，提升国际影响力。加强时尚产业行业协会及企业间合作交流，推进时尚产业发展。发挥行业协会、产业联盟在行业指南制定、人才培养、共性技术平台建设、第三方咨询评估等方面的作用，提供相关政策法规、企业管理、行业标准、市场信息、研发设计、品牌培育等服务。以行业协会、产业联盟等机构为载体，加强与国际著名时尚城市的时尚产业行业协会交流合作，支持设计师、龙头企业走出去，助力本土设计师、时尚龙头企业进入国际主流时尚领域，提高国际化水平。

2.完善优化公共服务平台

通过政府引导、企业主体、市场运营的方式，加快搭建和完善一批时尚产业公共服务平台，促进信息共享服务。成立时尚科技信息中心、时尚信息情报中心等，研究开发服装鞋帽、钟表、黄金珠宝等时尚产业相关技术，建立专利池，研究跟踪专利与标准。建立时尚产业的检测认证评估中心，加强时尚产品的检测、认证、评估、行业标准制定等工作。设立原创设计师及时尚创业孵化平台，为潜力设计师提供房租优惠、创业资本、时尚开发、品牌培育、产业对接等支持和服务。

3.完善金融服务体系

借鉴国外产业基金运作模式，国内主要城市可以探索成立时尚产业发展基金，出台促进股权投资基金业发展的若干规定，建立从实验研究、技术开发、产品中试到规模生产全过程的融资模式，促进各行业发展。大力培育上市资源，推动时尚科技型企业上市融资。积极发展债券市场，支持时尚科技型企业发行企业债券，扩大债券融资规模。健全社会信用服务体系，完善自主创新担保和再担保体系。

（熊兴　北京服装学院时尚研究院）

参考文献

[1]　晋浩天.数字生态将改变什么[N].光明日报，2020-10-12.

[2]　王娟，张一，黄晶，等.中国数字生态指数的测算与分析[J].电子政务，2022（3）：4-16.

[3]　中国软件网，海比研究院.2021中国企业数智生态发展状况研究报告：抢占五新生态[R]，2021.

[4]　庄荣文.营造良好数字生态[N].人民日报，2021-11-5.

[5]　吴小杰，贾荣林.北京时尚产业发展蓝皮书（2022）[M].北京：中国纺织出版社有限公司，2022.

第四章　数字化新消费与我国时尚产业发展

消费是经济增长的重要引擎，是畅通国内大循环的关键环节，也是人民对美好生活向往的直接体现。2021年，我国经济总量达114.4万亿元，同比增长8.1%。我国社会消费品零售总额突破40万亿元，高达44.1万亿元，同比增长12.5%，最终消费支出对经济增长的贡献达到65.4%，消费对于我国经济增长的重要性已被抬升至新高度。

近年来，在科技赋能和消费升级驱动下，我国消费市场逐步向精细化、个性化发展，新消费应运而生。智能产品、数字零售、社交媒体、体验经济、娱乐营销、IP营销等新产品、新业态、新模式不断涌现，不断激发和创造潜在的、新的消费需求，深刻改变着人们的消费习惯。时尚消费作为大众消费中最具生命力、最有情感因素参与的消费形式，成为新消费发展的重要领域之一。

一、概念提出

2015年11月，国务院印发《关于积极发挥新消费引领作用，加快培育形成新供给、新动力的指导意见》中首次提及"新消费"概念，提出全面部署"以消费升级引领产业升级，以制度创新、技术创新、产品创新满足并创造消费需求"，形成新动力。《指导意见》还指出，以传统消费提质升级、新兴消费蓬勃兴起为主要内容的新消费，特别是服务消费、信息消费、绿色消费、时尚消费、品质消费、农村消费等重点领域快速发展。

目前，学术界和业界对新消费的定义尚未统一。消费内容方面，韩凝春、王春娟认为新消费呈现出从功能型消费向享受型消费转变、从商品消费向非商品消费转变的趋势，消费者更追求消费体验、愿意为美好生活埋单。李蓉丽、范玉丽认为新消费同传统消费相较而言，具有时尚消费、智能消费、体验消费、颜值消费以及绿色可持续健康消费等趋势特点。消费人群方面，孙逊认为新消费的"新"体现在新的消费群体特征，在经济发展、科技驱动和消费价值观的推动变迁中，新消费对消费者的细分更加精细化。消费渠道方面，李辉丽认为"新消费"充分利用社交网络、新媒介、AI等技术手段，突破传统供应生产、零售渠道、品牌等模式制约，催生出新品类、新品牌及新产品服务。信海光认为"新消费"是指由数字技术、线上线下融合等新商业模式以及基于社交网络和新媒介的新消费关系驱动的新消费行为。吴雨、李冠艺认为在传统消费模式的基础之上,新消费利用数字技术的优点,用大数据等现代信息技术,为生产者和消费者之间的交流沟通扫除障碍。综上,笔者给出下述定义:数字化浪潮下,在生产决定消费的基本逻辑下,"人、货、场"三要素的"新"是新消费的外在表现,其本质在于数字技术推动生产方式的重构与融合,促进了生产方式与消费之间的循环升级,改变了消费行为与决策,产生了所谓的数字化新消费时代。

二、发展历程

改革开放40年以来,中国消费市场在制度、经济、技术、观念等因素的影响下,经历了四次消费结构升级。目前,在新一代技术革命和产业变革下,中国消费市场正由富裕型向数字型消费转变,开始步入数字化新消费时代(图4-1)。

1.0起步期	2.0爆发期	3.0转型期	4.0调整期
·1978—1992	·1992—2008	·2008—2018	·2018至今
·由短缺型向温饱型转变	·由温饱型向舒适型转变	·舒适型向富裕型转变	·富裕型向数字型转变

图 4-1 中国消费市场的四次变迁

第一阶段是起步期。1978—1992年,中国消费市场从短缺型向温饱型转变。改革开放引入市场机制和国外资源,消费品开始增加,中国开始摆脱物资匮乏的局面,居民消费从崇尚节俭的观念慢慢转变,食物消费的比重下降,穿着消费的比重上升。这一转变直接拉动中国食品工业、纺织工业的迅速发展,形成了第一轮的经济增长。

第二阶段是爆发期。1992—2008年,中国消费市场从温饱型向舒适型转变。这一阶段中国掀起"全民消费"的热潮。居民对新兴家用电器、家具的消费需求加强,家庭建设又向新的消费目标迈进,"四大件"变成了空调、录像机、电脑、手机。

第三阶段是转型期。2008—2018年,中国消费市场从舒适型向富裕型转变。中国经济发展模式由出口导向型转向国内消费型,国内消费市场飞速发展,珠宝首饰、新潮家具、智能家电等生活用品被越来越多的人青睐。2009年以来,网络购物、网上支付快速增长，消费者的购物习惯、购物方式和购物观念被颠覆。

第四阶段是调整期。2018年至今，中国消费市场从富裕型向数字型转变。2018年，美国特朗普政府转变对华政策，突然对中国发起了贸易、科技、教育、企业以及金融等方面的压制，中美贸易摩擦对中国的出口与消费都造成了影响。2019年，新型冠状病毒肺炎疫情暴发，严重制约了居民线下消费，大量的商品和服务消费加快向线上迁移，线上消费占比持续提升，消费场景和业态不断创新，如社交电商、兴趣电商发展迅速，中国步入数字化新消费时代。

三、主要特征

在数字技术赋能和消费升级驱动下，时尚领域新消费品牌从产品企划、研发设计、生产、渠道、营销等全链路环节进行全面升级，具备新人群、新产品、新供给、新营销四大特征（图4-2）。

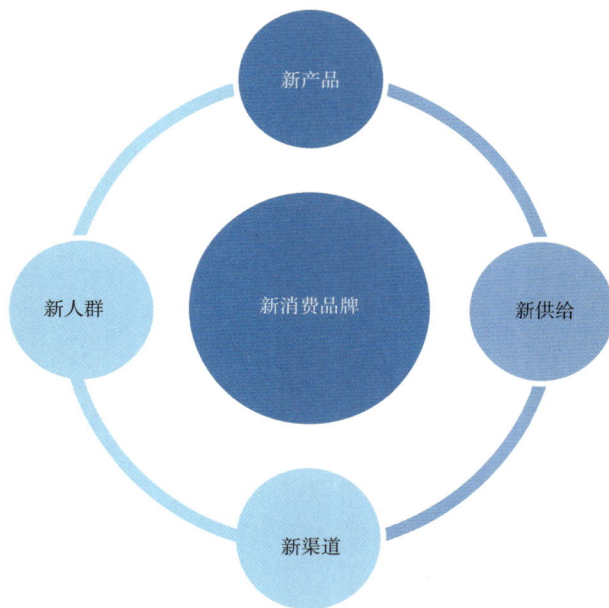

图 4-2　新消费品牌的四大特征

（一）新人群

随着中国人均可支配收入的提升和年轻人群新消费的引领，Z世代、小镇青年、新中产共同撑起新消费的巨大市场，成为国内经济内循环最重要的动力因素之一（表4-1）。

表4-1　新消费三类典型人群

人群	人群特征	消费特征
Z世代	互联网原住民、懒宅、善于分享	个性悦己、二次元、颜值至上、乐于尝鲜、为兴趣/偶像买单、热衷国潮
小镇青年	生活节奏慢、闲余时间多、可支配收入多	社交娱乐、顾家、热衷网红同款、追求品质
新中产	追求有品质、有态度的生活，教育背景良好	理性消费、关注健康、强调生活方式、注重体验

1. Z世代

Z世代通常指1995—2009年出生的一代人，他们出生成长于经济高速发展时期，是互联网的原住民。他们有着独特、个性鲜明的身份标签，兴趣爱好多元、更小众，圈层文化盛行。他们大多踌躇满志，注重体验，个性鲜明，自尊心强，愿意尝试各种新鲜事物。据统计，中国在1995—2009年这一时间段的出生总人数约为2.64亿元。

2. 小镇青年

小镇青年指的是来自三四线城市、县城和农村，出生于20世纪80～90年代，接受过大学以上教育，拥有一份得体工作的青年群体。2019年，我国小镇青年数量已达2.27亿人，是一二线城市青年的3倍以上。他们有钱有闲，容易被种草，受短视频影响大，追求个性化、体验式消费，注重产品品质和服务。

3. 新中产

80、90后是新中产的主力军，教育背景良好，多居于国内一、二线城市，年收入在10元万以上，他们追求有品质、有态度的生活，追求较高的生活质量，智能化是非常重要的"消费标签"，智能设备、智能小家电、元宇宙的关注与渗透远高于普通人群。

对时尚产业而言，新消费品牌聚焦新人群、洞察新需求，在设计初期细致研究消费人群的生活习惯、价值观、兴趣爱好、触媒习惯等，细分出品牌的圈层群体，以此找准品牌的定位是新消费品牌发展之初就要思考的事情。

（二）新产品

1. 切入细分赛道

伴随消费需求多元化，新消费最大的共性是在完全竞争市场里的细分赛道深耕。新消费群体的需求离散度高，基本需求被文化、场景等切割。这些微小的、细致的需求不断被挖掘成新时代生活的标签，并驱动消费者不断寻找满足自身需求的品牌。例如，完美日记从"大牌平替"做大做强、花西子的"东方美"、蕉下则主攻被巨头忽视的防晒市场、Ubras 主打无尺码内衣。

2.关注品类创新

在定位和设计上的差异，新消费品牌还主动追求产品品类创新。开创一个全新的细分品类并成为该品类的第一，或者在一个还未拥有稳定用户心智的品类中抢占先机，建立强相关性，打造"品牌即品类"的用户心智。例如，花西子主打中国风、元气森林则主打"低糖"（表4-2）。

表4-2 时尚新消费品牌

行业	细分	代表品牌
服饰	贴身衣物	内外、Ubras、蕉内
	时尚新潮	Boise、Beaster、ITIB
	小众文化	十三余、仲夏物语、汉尚华莲
	健身运动	粒子狂热、MAIA ACTIVE
	科技感	蕉下
美妆	口红	花西子
	眉笔	珂拉琪
	抗氧化护肤品	华熙生物
食品/饮料	气泡水	元气森林
	咖啡	三顿半
	新茶饮	王饱饱

3.精细化的产品组合

传统意义上"一对多"的产品供给模式遭遇越来越多的困境和难题，这是大多数传统消费品牌销售增长乏力的根本原因。告别"大一统"的产品供应模式，满足新消费群体个性化、精细化的需求，正成为新消费品牌布局的重要方向。以汤臣倍健为例，不仅推出了功能性饮品、软糖、泡腾片等满足年轻人个性多元口感需求的产品，还启动了独立的品牌代言体系，以适应不同消费人群的个性化需要。

（三）新供给

1.以销定产模式

新消费推动供给侧变革，越来越多新消费品牌将设计前置，前期采用少量试销，根据销售数据不断重新补货下单、按需生产的供给模式。例如，喜茶根据用户需求进行茶饮的设计和调配，完美日记根据用户的需求进行设计。"以销定产"模式倒逼研发、制造、供应链、品质、财务等各环节模式转变和效率提升，大幅提升企业核心竞争力。

2.掌握供应链主导权

近几年成长起来的新消费品牌逐渐达到一定体量，开始与行业龙头直接竞争，而后者数十年来与上游供应商形成的强绑定关系，以及领先市占率所带来的强大话语权，新品牌在这一阶段的竞争中显得弱势。为了弥补这一短板，新消费品牌或通过投资入股，培养一批有强绑定关系甚至独家供货的厂商；或收购工厂，掌握生产供应主导权；或自建工厂，在企业内部完成供应链闭环。例如，无性别服饰品牌bosie（佰喜）选择规模100～200人的精品工厂建立排他性合作，保证"工厂70%左右的产能来源于bosie"。美妆品牌colorkey（珂拉琪）直接控股收购卡婷、菲鹿儿等国产跨境美妆品牌代工厂。元气森林在全国布局自建工厂，并宣布"超级城市群+5大自建工厂"战略布局初步完成，共计投资55亿元（表4-3）。

表4-3　新消费品牌的供应链模式

供应链模式	说明	代表品牌
OEM/ODM	供应商根据消费品牌要求开发和生产	毛戈平、莫小仙、钟薛高
投资控股	品牌方入股或控股供应商	珂拉琪、奈雪的茶、永璞咖啡
合资建厂	品牌方与供应商合作建厂	完美日记、花西子
自建工厂	品牌投资建设厂房、生产基地	元气森林、自嗨锅、王小卤

数据来源：CBNData。

（四）新营销

1.全渠道营销

数字化新消费时代，线上营销矩阵的打造是让用户最快认识、了解并产生购买行为的方式。新消费品牌普遍通过微博、微信、小红书、B站、抖音等社交媒体平台以及头腰尾KOL组合的策略快速扩大品牌声量，迅速建立消费者对品牌认知的心智。例如，小红书生态红利催生出国货美妆品牌完美日记，淘宝直播、抖音短视频捧红了彩妆品牌花西子，蕉下在小红书、B站和抖音等平台上进行大量的广告投放，同时邀请头部带货主播和一线明星进行带货（表4-4）。无论是利用了哪些平台，其背后依靠的都是数字化流量和渠道。

表4-4　新媒体营销矩阵

社交平台	特点
微博	明星流量的主要阵地，依托粉丝裂变效应形成开放而强大的舆论场和兴趣场

社交平台	特点
小红书	商品种草类社区，拥有最大比例的服饰、美妆品类KOL、KOC和用户，他们更愿意在小红书深入了解不同的品牌和产品
B站	聚集了大量的专业博主和不同圈层的用户，以具有专业性的优质内容为传播载体
抖音	目前最大的短视频平台，搭建了基于"内容+算法"的商业化营销生态，拥有广泛的活跃用户和海量的优质内容

2.圈层营销

圈层是指由某一类拥有相同兴趣爱好、价值观、生活习惯、艺术品位的社会群体相互联系形成的小圈子。新消费人群的需求越来越垂直细分，品牌要找到的圈层必须和品牌定位一致，即能为他们提供符合价值观的产品和服务。例如，花西子成立之初便以"东方彩妆，以花养妆"为品牌理念，搭建产品线，其圈层营销的核心层是国风圈（图4-3）。

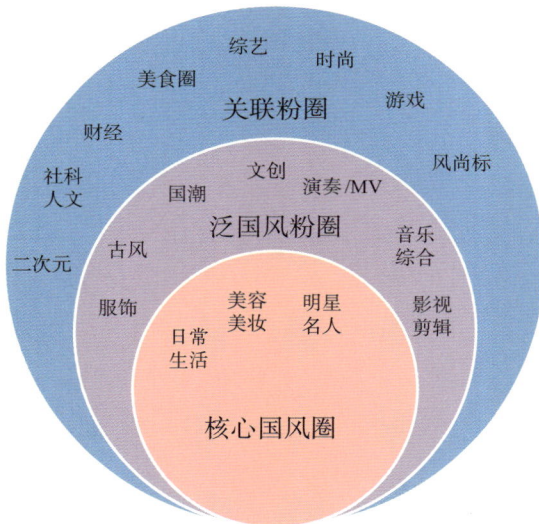

图 4-3　花西子的重点营销圈层

四、市场趋势

（一）步入发展调整期

1.传统巨头反扑，市场竞争更加激烈

2020年是新消费品牌爆发的元年，涌现出多个第一股："美妆第一股"逸仙电商、"潮玩第一股"泡泡玛特、"新式茶饮第一股"奈雪的茶。2021年下半年，新消费市场历经复杂的一年，网红"补税潮"汹涌，达人直播带货迎来最严监管。过去

两年，传统消费巨头在新消费创业企业的冲击下，存在反应慢、创新力度不够、人才缺乏等问题，难以最先发掘新消费热点。但传统巨头在产品研发、渠道体系、供应链、资金实力上依然有新品牌短期内难以超越的优势，巨头反扑后对新消费企业产生冲击。

2.国内新消费品牌增长乏力

自2021年下半年开始，新消费品牌从极速扩张期进入减速调整期，新锐"第一股"们面临股价下跌和营收负增长的难题。CBNData调查数据显示，即便是身处消费行业头部的品牌，也存在营收负增长的现象。降低对业绩增速的预期，成为很多消费品牌的共同选择。CBNData2022年消费品牌调研数据显示，64%的受访企业，2021年营收增长率在60%以上。但七成受访企业对品牌未来三年营收复合增长率的预期在60%以下，其中，认为三年复合增长率在20%~40%的比例最高，达到30%（图4-4）。在新型冠状病毒肺炎疫情反复、市场环境不断变动、行业法规加速调整的情况下，寻求真实、稳定并超越时间的增长，应成为消费市场参与者的共同命题。

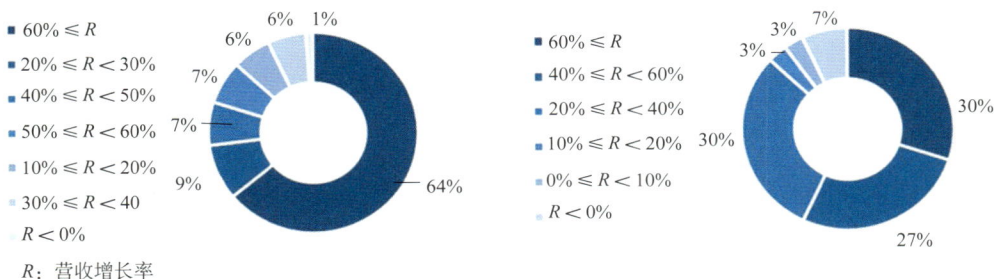

R：营收增长率

图4-4　2021年消费品牌营收增长率（左）及未来三年消费品牌营收复合增长预期（右）
数据来源：CBNData。

（二）"出海"势头兴起

1.新消费品牌出海势头兴起

以新茶饮、潮玩、美妆等品类的头部新品牌，为了复刻国内的成功或者寻找第二增长曲线，纷纷开拓海外市场。目前"潮玩第一股"泡泡玛特已经入驻了Shopee、Lazada、速卖通、亚马逊四大平台，布局了多个DTC渠道。完美日记通过Tik Tok等社交媒体营销，与KOL合作、明星代言等。元气森林在海外的举措力度也不小，目前已进入40个国家和地区的一线商超，旗下的3款产品为海外主打产品，分别是气泡水、燃茶和乳茶。花西子搭建独立站，支持销往43个国家和地区，欧美市场为主要市场。2021年，美国"黑五"大促当天，花西子海外官网的整体销售量比平日翻倍增长（图4-5）。

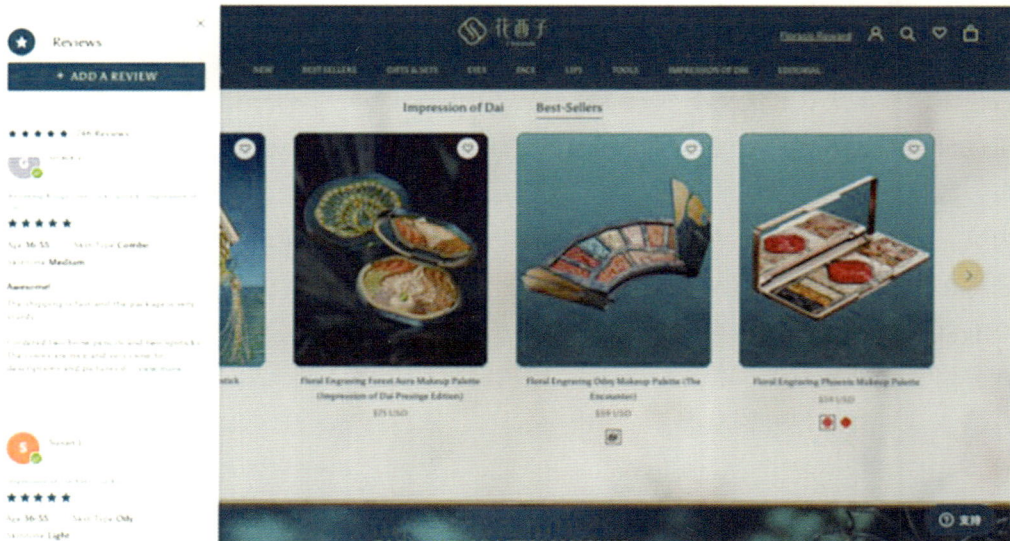

图 4-5　花西子海外独立站

2.新消费品牌出海机遇

新消费品牌出海有三大机会。第一，新市场带来新增量。欧美市场消费者拥有强大的消费能力，在东南亚地区，电商渗透率和社交网络渗透率在显著提高，这对于习惯线上营销的新消费品牌而言，进入市场会非常"顺手"。第二，差异化的市场需求有利于品牌培育。相比国内较为固化的竞争环境，走出去的新兴品牌反而有可能"抄近路"，更快地培育出品牌力。有媒体指出，CoCo、喜茶、奈雪的茶、蜜雪冰城、鹿角巷等品牌出海后，海外发展格局和国内不尽相同，在国内处于二线的品牌反而在海外发展得非常好。第三，拥有丰富的新媒体营销实战经验和敏感度。新消费品牌在国内积累了丰富的社交营销及用户运营经验，可事半功倍地扩大品牌影响力。

（三）虚拟时尚兴起

2021年以来，时尚品牌对虚拟时尚的关注不断增加，通过"时尚×科技"的力量，重新定义虚拟与现实世界交互时尚生活方式，服装产业全面走向数字化成为大势所趋。美国知名投资银行摩根士丹利（Morgan Stanley）发布的研究报告指出，预计到2030年，奢侈品牌的NFT市场规模可能会高达560亿美元。

1.国际时尚消费品牌开发虚拟时尚

2021年12月，Balenciaga成立专业部门，来探索虚拟时尚领域更多的可能性，进一步促进Balenciaga与消费群体在虚拟与现实世界的连接。2021年12月，美国公司拉夫劳伦（Ralph Lauren）首次在Roblox公司的虚拟世界推出时装系列，意图借助虚拟时尚的浪潮，扩大品牌知名度。Ralph Lauren在Roblox虚拟宇宙中提供"冬季逃生"体验。玩家可以在享受滑冰等活动的同时购买设计师20世纪90年代系列的复古运动服。2022年1月，法国品牌Balmain与顶级玩具IP芭比（Barbie）展开联名合作，推出成衣和配饰系列。该系列是首个亮相NFT领域的芭比联名合作，共有超过50件作品，芭比身着全套Balmain设计的虚拟服饰，并通过在线拍卖会进行发售，截至北京时间2022年1月15日凌晨4点，竞标价格高达2000美金。Nike也成为第一批进入共享虚拟世界的知名品牌之一，收购虚拟运动鞋设计公司RTFKT，计划将RTFKT作为独立实体进行扩展。同时，Nike与Roblox合作推出了"耐克乐园"（Nikeland）虚拟体验，玩家可在虚拟陈列室给自己的"数字化身"穿上耐克运动鞋、帽子或背包（图4-6）。

Balenciaga 虚拟时装

Ralph Lauren 虚拟时装系列

Ralmain x Barbie 联名虚拟服饰

"耐克乐园"（Nikeland）虚拟体验

图 4-6　时尚消费品牌的元宇宙相关产品

2. 国内虚拟时尚领域玩家入局

国内时尚品牌纷纷推出自有虚拟代言人、虚拟服饰，举行虚拟时装发布会。2022年9月，中国时装周运用3D技术首创虚拟时尚地标，将时装周标志性的复古工业风主秀场"中央大厅""第一车间"等在虚拟空间重建，为参与各方提供了多维度沉浸式体验。同时，该季时装周虚拟秀所发售的包括萌态"小美"潮玩等63套数字藏品于9月12日上架NFT中国，供用户观赏、收藏，并于时装周期间拓展虚拟时装社交属性，延伸虚拟时装的未来（图4-7）。

3. 催生出原生虚拟时尚品牌

虚拟时尚品牌 The Fabricant 由 Kerry Murphy（凯丽·墨菲）、Amber Slooten（安

图 4-7　中国国际时装周推出的元宇宙主题时装秀

珀·斯洛滕）和 Adriana Hoppenbrouwer（阿德里亚娜·霍普彭布鲁）于2018年创立，旨在引领时尚行业走向纯数字服装的新领域。2019年，The Fabricant 以9500美元的价格拍卖了第一件采用区块链技术制作的数字高级定制服装"Iridescence 彩虹连衣裙"，这款与艺术家 Johanna Jaskowska（约翰娜·贾斯科夫斯卡）合作创作的闪闪发光、超逼真的服装为数字高级定制时装奠定了基础。自此，The Fabricant 打破传统服装的定义，引领时尚行业迈向了数字服装的新领域。此后，The Fabricant 继续在这一新兴市场深耕，并伴随海外虚拟时尚概念的流行开启了和品牌客户的合作。随后，该公司推出了 deep 系列，同时陆续与 I.T、Puma（彪马）、Under Armour（安德玛）、Tommy Hilfiger（汤美费格）、Adidas 等各大品牌合作，助力它们推出数字时装产品，与著名时装设计师 Toni Maticevski（托尼·马蒂切夫斯基）合作推出的 Digi-Couture 登上了澳大利亚时装周（图4-8）。

图 4-8　The Fabricant 的数字时装

五、存在的问题

得益于渠道和制造红利，新消费企业从成立到形成品牌的周期明显加快。制造红利下，新消费产品通过 OEM（原始设备制造商）/ODM（原始设计制造商）即可实现生产，而抖音、小红书等线上平台的兴起，也为品牌带来了一波流量红利，使其加速获客。花西子自成立到成为知名的新美妆品牌只用了不到三年时间，成立第四年，年营收已突破30亿。但随着传统消费品牌巨头的"觉醒"反扑，多数新消费品牌在供应链和渠道的布局等方面又存在短板，新消费品牌陷入增长乏力的困境。

（一）研销投入失衡

1.重营销

新消费品牌相对传统成熟品牌而言营销投入较大，以化妆品品牌完美日记母公司逸仙电商为例，2018—2021年逸仙电商营销费用分别达3.1亿元、12.5亿元、34.1亿元、40.1亿元，四年间营销费用占总收入的百分比由48.2%增加至68.6%，且2021年营销费用增速已超过营收增速，而逸仙电商一直对标的欧莱雅集团，近年营销费用占比却从未超过30%。又如家居内衣品牌蕉下，2019—2021年其广告及营销开支分别达到了3691.7万元、1.19亿元和5.86亿元，分别占到总收入的9.6%、15%和24.4%。但目前众多新消费品牌的营销打法略显同质化，消费者注意力很容易被分散，加之品牌自身定位核心竞争力不足、企业对于品牌价值理念的宣传不够深入等，转化来的顾客很难形成品牌认知，企业一旦停止营销，客户便很难复购。随着品牌竞争加大，平台流量成本不断攀升，企业广告投放压力越来越大，投入转化率也将会逐步降低；新消费群体数量有限，在潜在目标客户群的覆盖率较高之后，继续营销投放的拉新效率也会不断下降。

2.轻研发

新消费品牌相对传统成熟品牌来讲研发投入较小，如逸仙电商2018—2020年的研发费用占总收入的百分比分别为0.5%、0.8%、1.3%，尽管在不断上涨，但与欧莱雅等国际集团3%以上的研发投入占比相比，差距仍然很大。又如蕉下招股书披露，2019—2021年，蕉下的研发投入分别为1990万、3590万和7160万，分别占总收入的5.3%、4.6%、3.0%，随着其营收规模的提升，技术研发的投入比例却在逐年降低。在研发团队的配置上，蕉下的研发团队仅有197人，占总员工数的14%，而营销团队的人数达到826人，占比58.6%，营销人员是技术研发人员的4倍多。目前新消费品牌大多依靠爆款单品迅速破圈，其后就面临传统成熟品牌以及后起新锐品牌的两面夹击，同时面临着老用户的流失和新用户增长的乏力。一个爆品在被快速生产的同时，也被以同样的速度甚至更快的速度复制着，因此新消费品牌想要持续抢占优势，最重要的是要拥有持续研发爆品的能力。尤其随着入局新消费品牌日益增多，消费者需求被无限挖掘，消费者开始进行理性反思的市场环境下，长远来看企业单纯依靠营销，轻视产品研发的模式很难持久。

（二）代工控制力弱

1.委托加工为主

国内大多数新消费品牌更多是承担"组局者"的角色，缺乏供应链核心环节。如蕉下、完美日记等品牌采用虚拟经营模式，产品生产以 OEM/ODM 为主。完美日记产品多由科丝美诗、莹特丽、臻臣等化妆品业内赫赫有名的企业代工生产，其中40%左右的产品线都由科丝美诗生产，而与科丝美诗合作的品牌方客户还有国内外各知名品牌，如欧莱雅、花西子、珂拉琪等。传统成熟品牌则基本采用OBM（自建工厂，从研究、开发、生产、销售服务综合为一体，均由品牌方企业独立完成）模式，严格把关每步生产流程。

2.生产控制力弱

虽然委托加工有助于品牌供应链及时更新、保持敏锐，能够以更加灵活的方式产出高性价比产品，但也存在着明显弊端。由于上游供应链集中易导致配方相似，品牌若没有专利和技术的加持，产品同质化严重，一旦有更新更好的产品出现，很容易就成为昙花一现的品牌。上游供应链没有掌握在自己手里，对产品供应链并不能有力把控，易导致产品品控和安全性问题，也易影响品牌内部运营效率。最重要的是以大规模合约商的生产模式，使企业供应链不够稳定且容易受到外界影响，如元气森林乳茶上市以来，销量一路走高，由行业内具有丰富瓶装奶茶生产经验的企业（如统一、康师傅旗下工厂）代工。但在2021年初，元气森林乳茶却面临全线停工情况，原因是某巨头要求其旗下代工厂立刻终止与元气森林的合作，使元气森林产生了巨大市场损失。因此新消费品牌应该建立自己的供应链，才能更好地控制产品生产，谋求更长远的发展。

六、相关建议

（一）精准洞察消费需求

1.需求洞察是首位

需求洞察、产品满足、占据消费者心智是品牌发展的层次递进，需求洞察是首位要点，其次是产品满足，品牌不可能跨越需求谈品牌，更不可能脱离产品谈品牌心智建设。新消费品牌只有对目标消费群体的需求不断地进行深入洞察，时刻准确把握消费者心理，才能够持续生产让消费者真正喜爱并追随的产品。

2.数字化运营是手段

现在的消费者越来越多样化、圈层化，即使是同一个年龄段的消费者，也会因为处于不同的城市、受教育的程度不同等因素，产生不同的消费心理。若依旧运用过去的传统预测方法来进行产品开发指导，其结果是不精准的，对于企业来讲投入与产出严重不成正比。可利用数字化工具进行辅助，利用数据中台来分析全渠道用户数据，挖掘产品需求点，同时可以进行爆品测试、小规模试错等，反向驱动指导产品研发与升级，精准地实现产品迭代和创新。如百事在新品上市之前，其研发中心便会根据大数据判断消费大趋势，然后对消费者进行实际访谈，将大数据和小数据结合，指导产品研发与生产。

（二）加大产品研发投入

1.建立品牌护城河

消费者的需求千变万化，爆品很容易随着时间的推移被消费者抛弃，这就意味着企业不能单纯依靠一个爆品打天下，而是需要可持续地进行爆品输出，那么新消费品牌如何解决爆品承接的难题就非常重要。当下持续打造爆款，通常需要两方面的能力，第一是营销的能力，第二是产品研发的能力。通过营销制造爆款的方式有很多，最常见也是最省力的方式就是跨界和混搭，与不同IP跨界、与设计师合作、调制不同口味等，我们把这种方法称作"产品营销化"，但这实质上是延长了某个单一爆品的生命周期，真正做出不同品类的爆品其实非常难。而生产技术研发的革新相当于给新物种（开创新品类、分化老品类）提供了源源不断的生产先决条件，也能够促使企业构建与其他品牌的技术壁垒，保证产品质量和独特性，形成品牌护城河。目前许多新消费品牌已经开始逐步意识到产品研发的重要性，在研发投入上也正加速追赶传统成熟品牌。许多新消费品牌开始建立研发中心，如完美日记、花西子、薇诺娜和溪木源的母公司陆续官宣成立研发中心。

2.注重内外协同

数字化转型、供应链建设单靠新消费品牌自己很难完成，企业内外协同非常重要。如钟薛高与国家奥林匹克体育中心共同成立"联合冰品研发项目"，在品质产品和运动营养方面开展合作，产品也向低糖低脂、提高蛋白质含量方向进行创新；专注于女性运动的服装品牌MAIA ACTIVE成立面料研发实验室，并与美国莱卡、以色列NILIT等全球知名面料研发机构合作，为消费者提供适合亚洲人的运动健身产品；Ubras（由彼）与美国莱卡等多个全球知名机构、东华大学等国内高校合作研发，成为拥有自己专属纱线的内衣品牌；蕉内与日本知名研发机构TOYOBO合作，共同研发了多种新型科技面料，大大提高了产品本身的实用性和功能性。

（三）加强供应链端建设

做厚供应链是发展共识。如新消费品牌锅圈食汇创始团队，现已整合超600家上游ODM和OEM工厂，采用"单品单工厂"生产模式，在行业内构筑起深厚的竞争壁垒；又如卫仕、简爱、colorkey等诸多新消费品牌通过控股供应商、合资建厂、自建工厂等方式，解决原料"卡脖子"和新品研发难题。且根据相关研究报告显示，未来新消费品牌还将会由单品类向"多元化"趋势进发，供应链将从单品类向多品类，甚至跨行业延伸，因此也要求新消费品牌必须兼备复杂场景下的供应链高效跨界整合力。

自建工厂是必要之举。第一，自建工厂可以稳定产能。新消费品牌在代工模式下，产品排产由代工厂决定，而代工厂却易受销量更大的传统品牌影响。恶意竞争下，代工厂生产计划容易受压发生变更，易造成产品生产脱节。第二，自建工厂可加强工厂的产品力。一方面，代工厂管线较为通用，大多情况不会根据新消费品牌的需求量身打造产线，自建工厂可以根据自身产品特点打造产线，以更好地打造产品。另一方面，自建工厂可加快产品上线周期，相比代工，新研发产品能够在自家的工厂快速投产，快速测试、验证，还能够根据反馈及时进行工艺优化，给予市场快速反应。

（四）加快线下渠道布局

1.全渠道融合发展

新消费品牌在创立初期，大多从线上渠道开始切入，但线上渠道无法给消费者提供更为直接的体验，仅停留在包装、快递、售后等方面，在信息极度碎片化、线上营销策略同质化的环境下，消费者注意力极易被竞争对手吸走。线上渠道稀缺且集中，流量分配权始终在平台手中，且随着越来越多的品牌涌入，平台流量成本水涨船高，品牌想要获取更多流量就需要在平台上持续做出更多投入，不利于品牌发展。而线下渠道不同，品牌有固定的"场"连接消费者，能在对营销依赖较小的情况下，实现持续获客和品牌曝光，同时加深消费者的品牌认知，因此目前许多新消费品牌正在做从线上走到线下的"初尝试"，进行全渠道融合发展。

2.门店注重体验感

"体验感"是线下门店的核心竞争力，线下门店不仅是服饰品牌销售的渠道，也是品牌形象塑造及自我表达的方式之一，其营销策略已转变为从消费者感受出发，延长消费者的在店体验时间，提升消费黏性为目标。如大杯文胸品牌奶糖派建立了线下服务网点，便利客户现场挑选产品，并提供专业胸型顾问服务，结合线上线下建立完整的消费者体验。服装潮牌bosie在实体门店的场景打造上凸显社交属性，"太空舱""失重实验室""2D衣帽间"、主题试衣间、趣味袜子机等创意空间被搬进bosie门店，成为网红打卡点。家居内衣品牌蕉内在北京三里屯设计限时快闪店，将厚重文化底蕴与先锋现代设计默契相融，体现"重新设计基本款"的国货创新力（图4-9）。

bosie　　　　　　　蕉内

图 4-9　新消费品牌的线下体验门店

（五）开展私域流量运维

1.私域运营优势明显

一直以来，国内传统服装品牌都习惯于重点布局公域，但是公域的规则由平台方制定，获客成本逐年上升，产品透明度高，竞争较大。相比于公域，私域具有正价率高，便于维持品牌调性等优势，部分国内知名服装品牌企业也已将重心转移至私域，如安踏、太平鸟、江南布衣等。

2.私域运营是新兴品牌的增长新引擎

目前新消费品牌层出不穷，消费者的可选择范围广泛加大，品牌黏性也相对分散和降低，如何实现复购是目前新品牌几乎都面临的严峻挑战，而私域营销是新消费品牌不可忽视的能够促进复购的重要营销方法，已经成为新兴品牌的增长新引擎，如服装品牌bosie便擅长通过社交媒体建立粉丝社群并对其进行维护，它从各平台首次接触的消费者开始，引导加入粉丝群，并在群内设置专属搭配师，定期进行潮流搭配的分享，并附上产品购买链接，另外，还会通过社群福利、抽奖活动等来提升粉丝的活跃度，引导粉丝打开店铺，提升消费者重复购买率。但也不是所有品牌都需要进行私域运营，品牌需要结合自身所属的品类赛道、普遍复购率和客单价情况进行判断，通常复购率越高，客单价越高，则越需要进行专业指导，品牌搭建私域的价值也就越大（表4-5）。

表4-5　公域、私域特征分析

项目	公域	私域
定义	公共平台，流量共享，不专属于某单一品牌方，如线上京东、淘宝、亚马逊、抖音、快手等，线下购物中心、商超等	利用公共平台搭建企业、个人专属自有平台，如线上自媒体号、粉丝群、朋友圈、小程序、微商城等，线下如自有品牌店等
特征	用户基数大，自带大流量，规则由平台方制定，获客成本逐年上升，同行数量多，产品价格透明度高	规则自己制定，客户自主挖掘，客单正价率高，有助于树立品牌调性，可直接触达客户，进行全生命周期管理，对客户日常运营、维护要求较高

资料来源：中国纺织建设规划院。

61

（六）设跨境电商独立站

1.独立站优势明显

随着新型冠状病毒肺炎疫情的逐渐缓解，拓展海外线上市场已成为新消费品牌企业的又一新战场。目前出口跨境B2C电商有两种运营模式，即第三方平台和独立站。过去以亚马逊为主的第三方平台是中国企业海外布局的重要渠道之一，而今开设独立站成为跨境卖家海外布局的新方向。独立站指具备独立域名的网站，在用户运营、消费者体验、平台属性以及流量获取等方面品牌可以根据需求自己制定。据亿邦智库数据，2021年，28.5%的跨境卖家建立了独立站，8.6%的跨境卖家表示销售额最大的渠道是独立站。第三方平台和独立站，它们有各自的优劣势，针对不同类型企业，可以采用合适的运营模式（表4-6）。独立站优势主要体现在：便于品牌认知的塑造，提升产品消费者信赖度；实现数据安全与增值，复购率高；避免受第三方平台的规则制约，具有自营特性，灵活性高，回款快，产品溢价可以随产品设计而定等。

2.可借助于SaaS模式

开设独立站有两种模式，一种是有一定运营经验和规模，营销能力强的企业自建，一种是中小企业利用通过SaaS服务商开设。SaaS（Software As A Service，软件即服务），指软件供应商授予用户使用权的服务模式，它是云计算使用最成熟，应用最广泛的一种服务模式。采用SaaS模式成本相对低廉，品牌只需在服务平台上缴纳少量服务费并支付少量交易佣金即可，较适合中小企业。目前较成熟的跨境电商独立站服务商有Shopline、Shopify等，其中Shopline基础版每年只需支付4800元即可搭建基础版的企业自身跨境电商独立站。

表4-6　出口跨境B2C电商有两种运营模式

模式	优势	劣势	适用企业	案例
第三方平台	流量和转化率高，品牌信任度高，入门和维护简单	竞争激烈，同质化，平台规则限制多	中小企业	亚马逊 速卖通 eBay Wish
独立站	利于打造自有品牌，积累用户数据，复购高，避开平台规则限制，回款快	存在技术门槛，需要通过推广获取流量	自建模式：有一定运营经验和规模；营销能力强的企业	Shein Jollychic Lightinthebox
			SaaS模式：中小企业	Shopline Shopify

资料来源：中国纺织建设规划院。

（李霞　中国联通服装制造军团

邹玲玲　中国纺织建设规划院）

参考文献

[1] 韩凝春，王春娟.新生态体系下的新消费、新业态、新模式[J].中国流通经济，2021，35（3）：121–128.

[2] 李蓉丽，范玉丽.新消费背景下小品牌快速崛起路径分析——以完美日记为例[J].金融经济，2020（10）：85–90.

[3] 孙逊.新消费背景下时尚零售商业模式创新路径——以Play Lounge为例[J].中国市场，2021（13）128–130.

[4] 李辉丽.基于"新消费"群体画像的网络营销策略研究[J].商业经济研究，2022（6）：82–86.

[5] 王强，刘玉奇.新型消费的理论认知、实践逻辑与发展研究[J].河北学刊，2022，42（5），155–167.

[6] 信海光."新消费"的崛起拉动内需和消费升级[N].新京报，2019–12–18.

[7] 吴雨，李冠艺.新消费的内在动能与机理分析——以完美日记为例[J].江苏商论，2022，（1）：19–21，39.

[8] 马香品.数字经济时代的居民消费变革：趋势、特征、机理与模式[J].财经科学.2020（1）：120–132.

第五章　大数据技术与我国时尚产业融合发展研究

大数据是数据的集合，以容量大、类型多、速度快、精度准、价值高为主要特征，是推动经济转型发展的新动力，是提升政府治理能力的新途径，是重塑国家竞争优势的新机遇。在加快构建"双循环"新格局下，扩大内需成为重要战略基点，大数据技术成为时尚产业的必修课和重大战略方向。当前，大数据技术与我国时尚产业融合的有利环境正在形成，大数据技术的加速跃迁，时尚产业的不断创新发展，加之政策红利的逐步释放，使大数据技术成为助推时尚产业发展的新动能，正在深刻改变产业发展与人们生活方式。

一、我国时尚产业与大数据技术融合发展的现状

大数据技术已成为时尚产业发展的"新基建"与"新能源"，加之与虚拟现实、人工智能、3D打印、物联网等新技术的深度结合与快速迭代升级，正在从创意设计、产品开发、生产制造、品牌运营管理、商业渠道等各个环节，改变着我国时尚产业的业态和运作模式。

（一）借助大数据技术提升时尚设计与产品开发能力

基于中国时尚产业规模大、数据资源丰富、应用场景广阔的优势，大数据技术在时尚产品设计开发领域的创新融合应用快速增长。通过大数据搜索、挖掘、关联、理解、生成等技术，研究预测产品开发所需的色彩、材料、图案、廓形、细节等，获取未来流行趋势；扩展产品设计开发的灵感来源，帮助设计开发人员提高工作效率，提高产品创新力与消费引领力；为原创设计产品提供便捷、可行、高效的知识产权维权平台，为原创设计提供更加良性的土壤。

1.流行趋势预测挖掘

基于线上线下店铺在售商品、社交媒体消费者分享两部分数据着手，进行信息提取、构建和分析，挖掘预测时尚产品流行趋势，指导产品设计，赋能品牌和产品运营决策。一方面，基于线上线下店铺不同款式新品及预售商品的销售、收藏等数据，借助图像识别、数据挖掘技术等，通过大数据算法提取商品关键词，分析呈现

当下时尚流行热点，及时掌握与预判流行趋势。另一方面，识别挖掘社交媒体中用户分享的海量图片中的时尚元素，深入捕捉用户品牌感受，通过大数据技术手段，结合人群特征识别、颜色聚类和关联分析等技术，进行系统化、客观性、准确性分析，预见消费流行趋势。

2.设计思维拓展优化

一方面，进行设计元素的多元化整合创新。通过网络智能技术和数字技术手段，整合建立多元化、跨行业艺术元素数据库，进而针对不同领域、不同产品需求、不同艺术形式和载体，进行分析、转化与创新，产生新的设计成果。另一方面，借助大数据、云计算、人工智能等技术，帮助创意设计和产品开发人员打破艺术审美、思维理念、创作方式等的差异和局限，突破、链接人脑原本有限、独立的空间，提供前期调研准备与后期设计开发方案优化拓展；还可帮助设计师就产品做出更能吸引购买、更加合适的价格设定。

3.外观设计专利维权

运用大数据、区块链、人工智能技术，通过版权存证登记、外观设计对比等，帮助设计师和品牌解决原创性证明的难题；通过实时版权监测排查，降低侵权事件发生概率，减少侵权赔偿损失；发挥数字化溯源作用，建设知识产权公共服务平台，推进时尚产业知识产权保护进程，维护时尚产业良好秩序。

【案例1】

中国纺织信息中心开发的"中国纺织面料流行趋势"项目，利用计算机视觉识别和自然语言处理等技术，建立时尚产业大数据中心、人工智能图案设计平台、人工智能创新孵化平台，搭建流行时尚信息资源数据库，分析时尚动态及未来流行趋势，定期发布人工智能流行趋势研究报告，帮助设计师拓展创意资源与思维，为企业用户高效快速提供图案设计的整体解决方案。

采用人工智能技术进行图案创作，颠覆传统图案设计模式，不断更新由人工智能产生的多元创新创意，具备技术先进性；基于对市场动态观察，依靠专业的数据整合和分析能力，持续不断地深入挖掘市场潜在需求，提供可量化的数字服务能力，具有内容专业性；提供流行趋势指引和数据分析决策能力，有效提升纺织服装行业设计效率和决策能力，体现时尚引导性（图5-1）。

【案例2】

"POP时尚创意综合服务平台"汇聚海量设计趋势资源库，为200多万名设计师

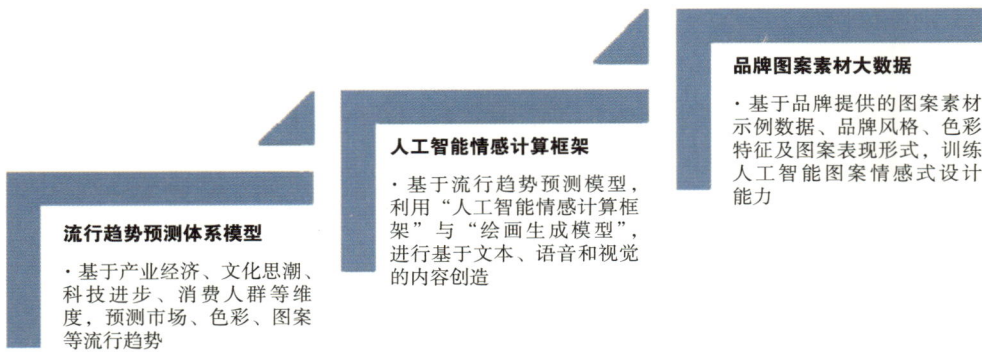

流行趋势预测体系模型
· 基于产业经济、文化思潮、科技进步、消费人群等维度，预测市场、色彩、图案等流行趋势

人工智能情感计算框架
· 基于流行趋势预测模型，利用"人工智能情感计算框架"与"绘画生成模型"，进行基于文本、语音和视觉的内容创造

品牌图案素材大数据
· 基于品牌提供的图案素材示例数据、品牌风格、色彩特征及图案表现形式，训练人工智能图案情感式设计能力

图 5-1　人工智能图案设计平台主要功能

提供及时的设计资讯、分析报告和企划方案，其中 POP 图案库拥有超过 40 万图案花型素材，每天持续几百张素材更新。结合宏观趋势、行业动态及行业数据，研究服装行业商品开发所需色彩、面辅料、单品、图案、细节、廓形、组货等全方位的趋势预测（图 5-2）。

大牌花型
品牌图案临摹矢量图案，可分层，可修改

大牌衍伸
大牌花型基础上衍生的原创素材，矢量素材可直接使用

公版素材
公共版权属于第三方平台，供市场使用，无法买断

原创矢量
矢量图版权属于 POP，供客户使用，可以买断版权

高清位图
jpg 格式，可直接印在衣服上，更多作为灵感素材使用

手绘图谱
百科图库，可作为元素使用，获取灵感

艺术家
艺术家图案可供作为设计灵感使用，版权问题需注意

INS 图
来自 INS 等平台，无版权，不可直接用，作为灵感参考

图 5-2　POP 花型图案设计灵感素材

资料来源：POP 服装趋势。

在趋势预测方面，能够提前 18 个月，进行大方向的潮流展望；提前 16 个月，进行层层递进的趋势预测；提前 12 个月，精确到开发指导的企划设计；提前 3 ~ 6 个月，实时预警的趋势快速反应，整体趋势预测准确率为 99%。在设计研发方面，能够提供基于人工智能和大数据的信息化技术平台，帮助设计师提升工作效率与质量，如虚拟样衣、智能色彩、智能识别、云图等。在原料采购方面，超过 2000 万的布料 SKU 面料 B2B 交易平台，在现货新料方面提供高效的在线选料及采购服务，助力设计师的创意设计作品快速转化为设计样衣。

【案例3】

知衣科技基于大数据与AI技术，借助图像识别、数据挖掘、智能推荐等核心技术能力，研发知衣、知款、美念等服装行业数据智能SaaS产品，为服装企业和设计师提供流行趋势预测、设计赋能、款式智能推荐等核心功能，协助服装品牌洞察流行趋势和挖掘爆款，助力产品创意设计决策，并通过SaaS入口向产业链下游拓展，提供一站式设计＋柔性生产的供应链平台服务（图5-3）。已服务UR、唯品会、绫致、赫基、太平鸟、Ubras、歌力思、蕉内等数千家时尚品牌和平台。

图5-3　知衣科技"知衣"产品主要功能

资料来源：知衣科技官网。

【案例4】

中国服装设计师协会和中华商标协会共同设立的"时尚知识产权保护平台"，基于版权区块链和人工智能技术开发的版权服务平台，提供版权存证、版权登记、盗版监测、侵权取证、法律维权等服务，支持文字、图片等内容格式，为设计师、设计机构和品牌提供"一站式"版权问题解决方案（图5-4）。平台具有专业、高

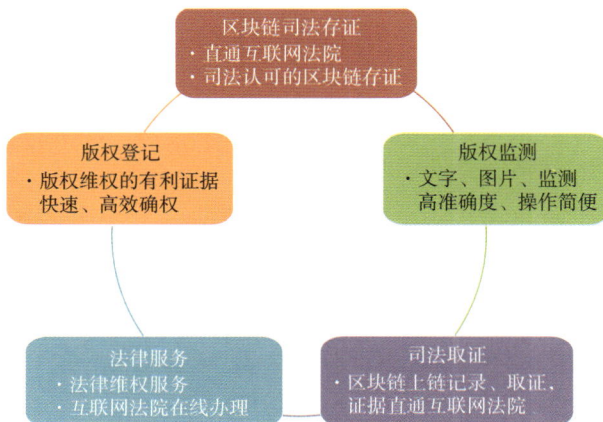

图5-4　时尚知识产权保护平台服务功能

效、省时、安全的特点，利用大数据和人工智能技术，对比准确率可达95%以上；对比库全面覆盖国内主流库，24小时不间断更新；使用大数据支撑的智能算法，进行盗版监测和侵权取证；灵活运用智能合约机制，实现自动化的交易匹配；及时排查侵权风险，提高风险防范能力。

（二）依托大数据技术进行精准化品牌营销

通过构建消费者画像，进行精准化营销，进而降低风险与成本损耗，推进精准化品牌运营。通过升级营销模式，发展新业态、新模式，营造消费新场景，实现时尚产业运营的降本、提质、增效，以及老字号品牌革新（表5-1）。

1. 构建消费者画像，搭建数据基础平台

通过捕捉甄别消费者行为数据，梳理提炼消费喜好与习惯特征，构建消费者动态立体画像，搭建数据基础平台，利用用户ID和用户画像实现用户的基础运营，例如，从年龄层、工作和生活区域、职业和消费状况、喜好的品牌、风格类型、购买渠道、价格和支出、时间和周期、目的和用途、消费观和价值观等方面的大数据分析，赋予社会属性、服装偏好、价值主张标签，提升消费体验感，进行精准化营销，进而降低风险与成本损耗。

2. 发现反馈爆款商品，助力产品创新优化

通过汇总分析线上电商平台、时尚发布活动、线下门店等的历史销量数据，运用大数据算法捕捉规律，进而精准获取爆款商品信息。基于电商平台商品评论区、微博、微信、论坛等多元化渠道，捕捉消费者关于商品使用、功能需求、品质、样式设计、舒适度、服务等点评信息，汇总收集建立"网络评论"数据库，归类分析消费者行为习惯、消费需求、价值取向，判断产品自身品质与竞争力水平，从而改进和创新产品设计与品质功能，优化更加合理的产品定价方案，提升各环节服务水平，提高品牌与消费者的黏性。

3. 智慧商城与门店建设

通过构建大数据分析系统，借助数字化定位技术，进行客流相关分析，如客流数量、进店率、画像、动线图、热力图分布以及关联性分析等，建设智慧型商场与门店，为精准营销管理提供信息支撑，提升品牌运营效能。

表5-1 大数据技术助力智慧商城与门店建设的主要维度

技术维度	具体内容	用途
客流统计	不同时间周期、不同楼层、功能区的客流人数	发现热点区域

技术维度	具体内容	用途
进店率	不同楼层、不同功能区到访顾客人次、停留时长	了解消费需求、不同单店和业态的吸引力
到访记录	顾客在同一时间段到访过的楼层、店铺	进行店铺整理,提高消费便捷性
顾客画像	到访顾客的性别、年龄层、消费能力、消费习惯等	进行顾客画像大数据分析

【案例1】

浙江伊芙丽实业有限公司2021年营业收入48.99亿元,近三年年均增长24.7%。2021年双十一,集团全网总业绩7.57亿元,同比增长37%,其中,伊芙丽品牌全网总业绩5.3亿元,天猫女装排名第三,直播间排名第三。伊芙丽的快速增长,主要得益于从商品企划、设计开发、产品生产、商品运营、快反供应链到商品流通等各个环节的全链路精细化、精准化管理。在线上,依托大数据描述消费者行为喜好;在线下门店,利用物联网及时反馈每个款式的转换率;在工厂流水线,在每道工艺流程设置数据采集终端,追踪生产效率,精确把控市场(图5-5、图5-6)。

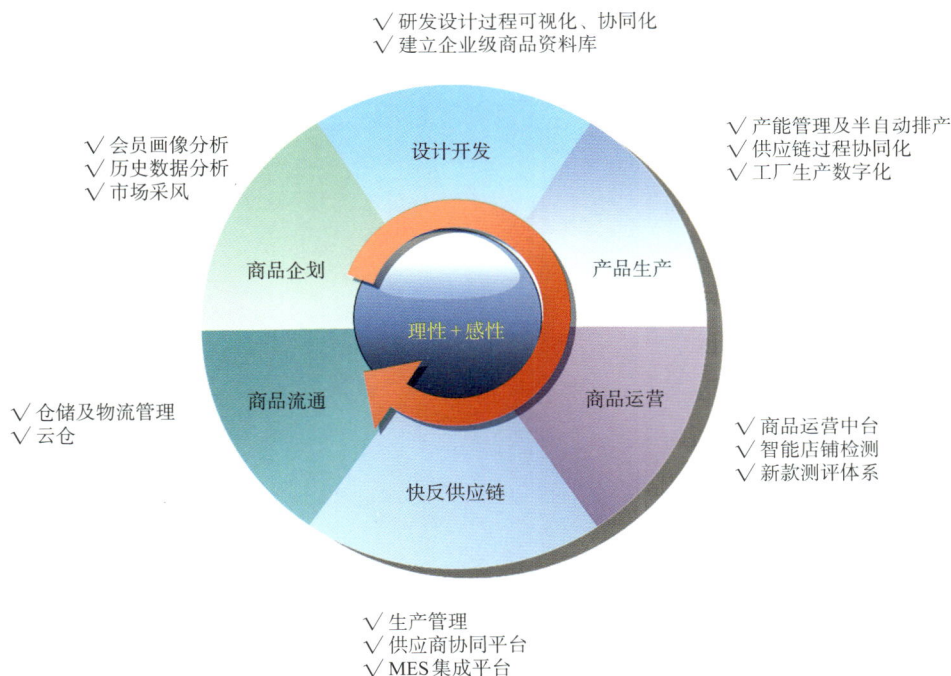

图 5-5　伊芙丽全链路数据化运营管理导图

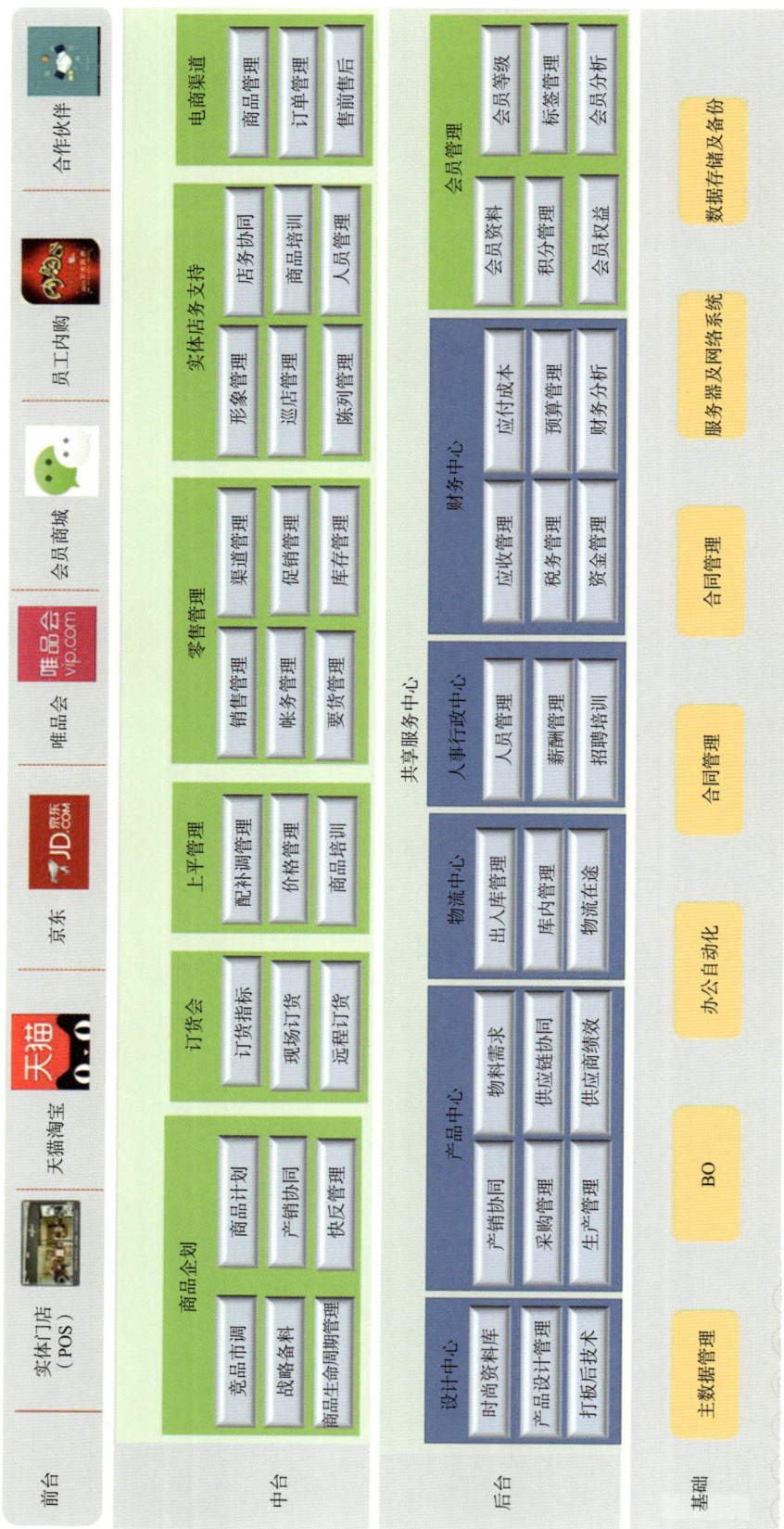

图 5-6 伊芙丽全渠道零售平台整体业务

【案例2】

"百丽国际"利用大数据等手段变革供应链，将原来的"订补"模式升级到创新"订补迭"供货模式，先小批量投产测算，剔除反响平平的商品，接着重新设计，如此迭代往复，即40%的订货、30%的补货、30%的迭代开发，形成百丽时尚特有的货品运作模式，显著提高供应链的灵活度，以此来及时满足消费者的需求。例如，BASTO马丁靴在上市初始，很多大区并不看好，但西南大区、东北大区的火爆销售让其他大区纷纷补货。据百丽内部资料显示，群管理（内部数字化产品）让这次补货准确率大大提升，最终该款马丁靴在秋冬季三个多月的销售窗口，从冷门款迈入品牌全年TOP20。

【案例3】

天猫新品创新中心（TMIC）立足于阿里巴巴全渠道消费者数据研究，结合大数据分析和小样本调研，赋能品牌定位目标人群、洞察市场机会、研发创新产品以及优化营销策略，助力品牌数字化转型，打造大数据新品孵化平台，将新品孵化从18个月缩减到6个月，从而满足消费需求升级。目前，TMIC已覆盖15个行业，独家调研战略合作600多个品牌。

TMIC官网资料显示，"人群研究所"功能基于阿里电商平台6亿人群，超过300个人群参数输入细分，最终沉淀为TMIC特色人群包，开放给品牌后期运营；"消费者洞察"功能基于阿里电商平台6亿消费者，实时圈选生成人群包，并提供数十种画像标签，精准定位目标人群；"人群细分"功能借助TMIC调研问卷和品牌自有细分模型，创建品牌专属细分人群包，用于新品研发和营销推广（图5-7）。

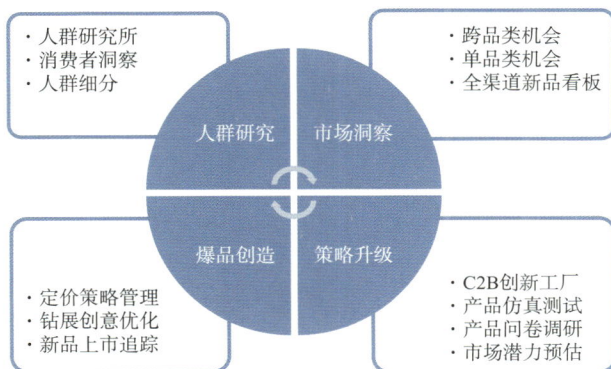

图 5-7 天猫新品创新中心主要平台功能

（三）利用大数据技术打造快速柔性供应链体系

应用数据预测分析优化供应链，打造以顾客为中心、通过精确预测需求来拉动生产和服务的拉式供应链，以及能够灵活配置资源、快速准确响应需求的敏捷供应链；通过建设数据中台，实现高效协同的数字化供应链；打通 OMS、WMS、DRP、POS、ERP 等信息管理系统，完成从分散到集中的转型，实现供应链端到端的数据采集和整合，实现供应链协同化运营。

1.面辅料精准快捷采购

建立庞大的面辅料等资源库为基础，进行供应商、产能、材质、颜色、风格、用途等多维度分类，进而帮助采购方实现采购需求精准匹配、快速响应。

2.供应链产能共享

通过建立供应链各方基础数据库，整合上下游产业资源；通过数字化平台发布生产制造需求，链接相应资源，通过信息系统集成和协同，打破企业边界，集聚多个生产单元和上下游企业共享数据、协同生产。

3. 原创设计成果转化

搭建原创设计作品数据库、生产企业数据库，一方面，发布原创设计作品，与生产企业进行匹配，实现设计成果转化；另一方面，通过发布生产企业及品牌商设计需求，与设计师及设计机构进行匹配，实现创意设计众包。

4. 定制模式降本增效

借助大数据、互联网、物联网等技术手段，构建人体多维数据库，在满足个性化需求、提升产品差异性的同时，降低中间环节成本、缩短加工制造周期、避免库存压力，实现低成本、高效能、大批量的个性化定制。

【案例 1】

浙江省服装产业创新服务综合体"时尚 E 家"专注于打造产业"虚拟集团"生态平台 EPIVG，数字化手段整合服装产业上下游全链路资源，通过数字化平台链接双方，实现产能共享，将订单迅速匹配到产能充足的企业，由企业自行接单，避免企业单打独斗的风险，提高抗风险、清库存能力，同时缩短交货周期，降低接单不确定、不稳定因素，提升供应链整体效能（图 5-8）。

【案例 2】

梧桐台原创服饰供应链服务平台采用 S2B（Supply chain platform to Business，供应链平台到企业）与 OAO（Online And Offline，线下和线上融合）运营模式，提

图 5-8　"时尚 E 家"平台功能

供研发设计订单对接、设计师众包、品牌/贴牌订货批发订单对接、服饰加工订单对接、面辅料集采订单对接，服务服饰品牌拓展线上线下交易渠道。打造设计师社区，对设计师进行数据分析和归类，形成标签化设计师数据库，通过大数据匹配为服饰品牌提供设计研发众包服务，帮助设计师实现设计成果转化的同时，为服饰品牌商提供精准、高效、快速的设计研发众包服务。

【案例 3】

迪尚智慧时尚生活方式集成创新平台针对传统纺织服装行业发展现状和痛点，构建适用于服装行业 C2M 模式的协同智能制架构，进一步提高个性化定制、小单快返敏捷制造的服务能力，提升对市场需求的快速反应能力，缩短产品研制周期，提高生产效率，降低成本，推动产业链智能化转型升级、创新发展。随着 3D 数字化设计技术、人工智能等新技术日趋成熟，迪尚以审美文化为核心、形象力管理为前导、融合数字化设计、三维量体、虚拟试衣等先进科技手段的创新商业模式，打造迪尚集团 DCCM 高级定制体验中心。通过"三维人体扫描 + 人脸 3D 成像技术"形成数字化人体模型，建立顾客专属人体数据，为消费者提供从设计、搭配到整体形象管理的全方位服装定制新体验，形成了高效的个性化制造、信息化协同管理体系。

【案例 4】

C2M 时尚定制品牌"红领 REDCOLLAR"通过建立电子商务定制平台，构建版型数据库、工艺数据库、款式数据库、原料数据库，借助大数据、互联网、物联网等技术，每件定制产品使用专属芯片进行生产全流程跟进管理，利用专用终端设备、工业云读取订单数据，将客户需求直达智能工厂，实现下单、支付到生产成品的全过程数字化、网络化运作，省去中间商环节、流通和库存成本，在大大节约制造成本的同时，将生产周期缩短到7天内，实现了"一人一版，一衣一款"，实现以需定产，更好地满足新消费时代的个性化需求。

二、我国时尚产业与大数据技术融合发展存在的问题

随着大数据技术近几年的快速发展，我国时尚产业与大数据技术的融合不断创新突破、逐步加深，然而整体来看，时尚产业与大数据技术的融合仍处于探索发展的起步期，存在一些制约因素与不足。

（一）产业整体认识有待提升，距离形成系统化的大数据思维还有明显差距

时尚产业的特色优势集中在对于流行趋势、潮流文化的捕捉与表达，科技创新意识则相对薄弱，对大数据产业发展规律认识不足，尚未形成客观、科学的认知；部分企业存在盲目跟风现象，对于数据管理、技术实用性的甄别能力偏弱，盲目追逐硬件设施投资，而轻视数据资源汇聚、积累、处理与应用能力建设的现象较为普遍；大数据技术应用于产业的成本较高，需要投入大量的设备、人力等资源，且投资风险较大，给大多数小微企业的数字化转型带来困难，导致大数据技术对时尚产业发展支撑的潜能远未得到有效挖掘，如何将高投入成本转化为有效产出，尚需较长时间的探索改进。

（二）大数据技术支撑能力不足，在时尚产业的渗透面与应用水平存有较大提升空间

时尚产业与大数据技术的融合尚处于起步期，存在探索性做法多、成熟经验少的现象；大数据技术距离满足时尚产业应用需求存有较大差距，软硬件系统化构建能力有待提升；关键环节和技术领域应用覆盖面存有较大的开拓空间，以纺织行业为例，2021年全行业智能制造就绪率为12.9%，虽逐年有所提高，但仍处于较低水平；时尚产业原有人才队伍不熟悉大数据技术，大数据技术人员对时尚产业又缺乏深度了解，复合型专业人才的缺乏，同时需要直面新技术手段逐步渗透带来的人才需求梯队结构性调整更迭的问题。

（三）市场体系不健全，时尚产业与大数据技术融合应用的基础制度和标准规范有待完善

数据孤岛、数据壁垒、碎片化问题突出，要实现跨企业、跨领域、跨行业的多

源数据打通建立还有很大差距，相关信息资源开放程度较低、公共技术服务平台偏少，时尚产业大数据的要素潜力尚未完全激活；数据资源普遍存在质量不高、标准规范缺乏、管理能力弱、数据价值难以被有效挖掘利用的问题；大数据技术自身存在复杂性、扩展性、不可控性和不可预知性，亟待通过引导保障健康、有序、可持续发展，规范数字技术研发、生产和消费秩序。

（四）安全机制不完善，数据信息与创新技术安全保障能力有待提升

企业技术创新、研发设计、合作方、会员库等关键性敏感数据泄露和违法数据流动等隐患一直存在；个别大数据服务商未经授权，私自采集和使用企业与个人数据，使数据安全得不到保障，企业担心数据泄漏，进而给数据资源打通带来制约；加之存在互联网安全管理不善、带来数据被动受到攻击等问题，给数据安全隐患带来系列问题；产业应用大数据技术的基础数据信息捕捉、采集与应用的标准体系、评价体系、动态监测体系等还需进一步完善，数据质量、数据治理和数据安全等关键指标仍需加快制定。

三、我国时尚产业与大数据技术融合发展"迎来利好"

大数据技术高速发展，已成为我国经济发展的重要战略支撑，多次写入政府战略规划等重要文件，成为时尚产业核心竞争力提升、迈向高质量发展的重要引擎。

（一）大数据技术高速突破发展

我国大数据产业布局相对较早，2011年，工业和信息化部就把信息处理技术列入四项关键技术创新工程；2014年，"大数据"首次被写入我国政府工作报告，上升到国家战略层面。"十三五"时期，我国大数据产业规模年均复合增长率超过30%，发展取得显著成效，逐渐成为支撑我国经济社会发展的优势产业。

国家互联网信息办公室数据显示，大数据产业规模快速增长，从2017年的4700亿元增长至2021年的1.3万亿元，数据资源极大丰富；数字经济规模45.5万亿元，占国内生产总值39.8%，总量稳居世界第二位，成为推动经济增长的主要引擎之一。正在从"单点技术"向"多技术与多场景组合化运用"转化，从"数字个体"向"平台化服务"进化，由点及面、从个别走向聚合，进行规模化突破发展。围绕"数据资源、基础硬件、通用软件、行业应用、安全保障"的大数据产品和服务体系初步形成，大数据技术与行业融合逐步深入（图5-9）。

2011年
·工业和信息化部把信息处理技术作为四项关键技术创新工程之一

2013年
·国家统计局与阿里、百度等11家企业签署了战略合作框架协议，推动大数据在政府统计中的应用

2015年
·全国首个大数据交易所（贵阳大数据交易所）正式挂牌运营

2017年
·国家出台首个大数据专门规划——《大数据产业"十三五"规划》

2020年
·大数据解决方案成熟，信息社会智能化程度提升

2012年
·阿里巴巴推出大型数据分享平台"聚石塔"，为电商及电商服务商等提供数据云服务

2014年
·"大数据"首次写入我国《政府工作报告》，上升为国家战略

2016年
·全国首个国家级大数据综合试验区——贵州省大数据综合试验区建立

2018年
·《2018年全球大数据发展分析报告》显示，中国大数据技术创新能力有了显著提升

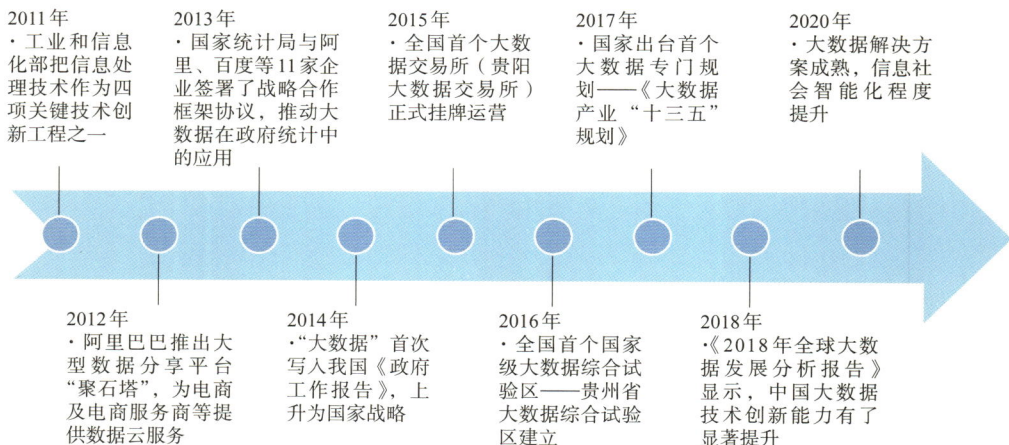

图 5-9　我国大数据产业发展主要历程

资料来源：前瞻产业研究院。

（二）时尚产业与大数据融合发展的政策环境正在逐步完善

继2015年8月国务院印发《促进大数据发展行动纲要》（国发〔2015〕50号）之后，国家系列政策陆续出台。

2020年4月，工业和信息化部印发《工业和信息化部关于工业大数据发展的指导意见》（工信部信发〔2020〕67号），在促进工业数据汇聚共享、深化数据融合创新、提升数据治理能力、加强数据安全管理等方面提出了系列重点工作任务。

《中华人民共和国国民经济和社会发展第十四个五年规划和2035年远景目标纲要》把"加快数字化发展建设数字中国"作为独立篇章，提出要打造数字经济新优势，加快数字社会建设步伐，提高数字政府建设水平，营造良好数字生态环境，要集约化建设"科学大数据中心"，"加快构建全国一体化大数据中心体系，强化算力统筹智能调度，建设若干国家枢纽节点和大数据中心集群"，"培育壮大人工智能、大数据、区块链、云计算、网络安全等新兴数字产业"等。

2021年6月，工业和信息化部等五部门联合发布《数字化助力消费品工业"三品"行动方案（2022—2025年）》，明确"到2025年，消费品工业领域数字技术融合应用能力明显增强，培育形成一批新品、名品、精品，品种引领力、品质竞争力和品牌影响力不断提升"的主要目标，从数字化助力"增品种"、数字化助力"提品质"、数字化助力"创品牌"三大方面提出十项重点任务，为时尚产业与大数据技术的融合明确了系统化、落地化的工作方向与实施方案。

2021年11月，工业和信息化部发布《"十四五"大数据产业发展规划》（工信部规〔2021〕179号）。《规划》梳理提出，"十三五"时期，党中央、国务院围绕数字经济、数据要素市场、国家一体化大数据中心布局等作出一系列战略部署，建立促进大数据发展部际联席会议制度。有关部委出台了20余份大数据政策文件，各地

方出台了300余项相关政策，23个省区市、14个计划单列市和副省级城市设立了大数据管理机构，央地协同、区域联动的大数据发展推进体系逐步形成。到2025年，我国大数据产业测算规模突破3万亿元，创新力强、附加值高、自主可控的现代化大数据产业体系基本形成。

（三）时尚产业核心竞争力提升亟需新技术手段助力

从产业发展的优劣势来看，我国时尚产业拥有庞大的本土消费市场规模、较为完整的供应链体系，然而时尚设计能力与品牌竞争力尤其是高端品牌梯队则仍有较大提升空间。

2021年，我国人均生产总值（GDP）已达8.1万元（图5-10），社会消费品零售总额达44.08万亿元（图5-11），人均收入突破1.2万美元，互联网用户群增加至10.32亿，人们消费水平不断提升，消费需求从基础型消费逐步过渡到品质型、情感型、享受型消费，个性化、差异化、多元化消费趋势更加明显，时尚产业迎来更为广阔利好的消费市场空间。

麦肯锡发布的《2022中国时尚产业白皮书》中，就各时尚产业发达市场，综合评估了时尚消费市场、品牌竞争力、产品设计力、供应链成熟度这四大维度，得出不同市场

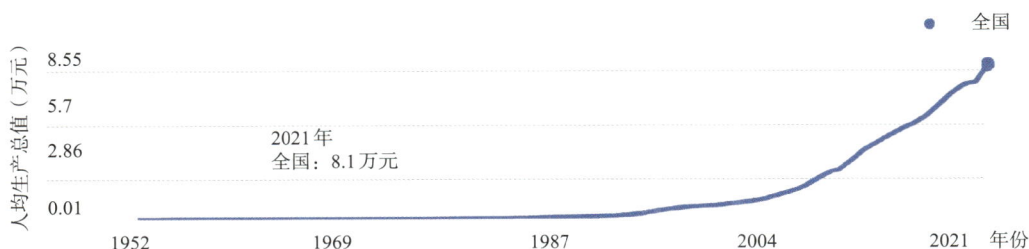

图 5-10　近 70 年我国人均国内生产总值（GDP）走势

数据来源：国家统计局，中经数据。

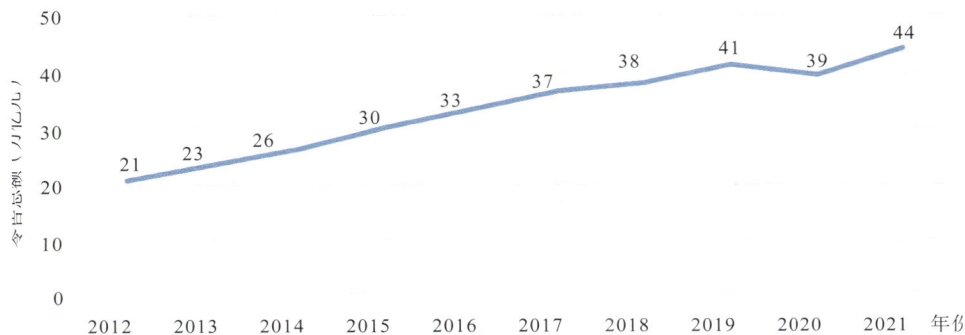

图 5-11　近 10 年我国社会消费品零售总额走势

数据来源：国家统计局。

的综合时尚竞争力。相较而言，我国时尚消费市场规模庞大，且渠道多元发展；在生产制造供应链环节优势明显，为未来时尚品牌孵化和产业发展提供了良好基础。然而在品牌竞争力和设计引领程度上，与时尚领先市场仍有明显差距❶。大数据技术的高速发展正当其时，成为时尚设计能力与品牌竞争力提升的重要支撑与引擎（图5-12）。

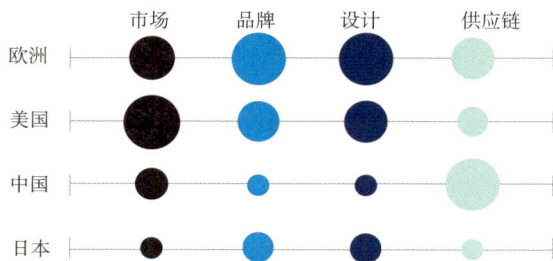

图 5-12　中国与欧美日时尚竞争力对比

数据来源：麦肯锡《2022中国时尚产业白皮书》。

四、进一步推动时尚产业与大数据技术融合发展的策略思考

立足当下，着眼未来，我国时尚产业亟待抓住数字经济机遇期，建立智慧化、高效化、安全化、合理化、可持续发展体系，充分利用大数据技术提升时尚产品与服务的高质量供给与时尚产业高质效发展。

（一）系统化构建时尚产业大数据资源体系

基于大数据技术，从产业资源要素、文化与跨界资源要素、消费市场要素、政策措施要素等多领域着手，逐步构建打通时尚产业大数据公共资产资源，以推进供应链协作质效提升，推进产业资源优化配置与高效协作，提升产业供给水平与引领消费能力；加强大数据应用培训与成功案例经验推广，引导全产业形成"用数据说话、用数据决策、用数据管理、用数据创新"的大数据思维。

（二）系统提升时尚产业关键环节大数据技术应用水平

提升大数据技术在时尚产业的行业渗透，推进产品研发、创意设计、品牌管理、营销渠道、客户服务、商品物流等各环节的大数据应用水平与应用市场主体覆盖面；依托大数据技术加强对新消费与当代生活方式的深度研究，拓宽大数据技术应用场景，依托不同主体、不同环节、不同领域的数据串联和高度协同，通过"上

❶ 叶海，泽沛达，朱景丰，等. 2022中国时尚产业白皮书 [R]. 北京：麦肯锡公司，2022.

云"打破时空局限，"用数"打通链条经脉，"赋智"储能并释能，打造高效、快反、柔性的智慧型时尚产业。

（三）培育一批复合型专业化人才队伍

鼓励高等院校优化大数据学科专业设置，注重与时尚产业发展理论与实践应用的结合，加强跨艺术、管理、数字学科人才的培养；鼓励深化校企合作，推行订单式人才培养机制，建设时尚产业与大数据技术融合的专业化人才实训基地，对接产业数字化发展需求；加强时尚产业领域企业在岗培训、技能提升、创业创新培训等，加强实用型、复合型专业人才培养与引进。

（四）依托大数据技术培育一批优势品牌与龙头企业

立足消费品牌、制造品牌、区域品牌三大板块，培育一批优势品牌与龙头企业，充分发挥大数据技术对于"增品种、提品质、创品牌"的支撑作用，依托大数据技术提升品牌培育关键环节管理能力，注重提升制造品牌的产业链协同能力与高效快速反应能力，提升消费品牌的时尚引领与文化承载能力，提升区域品牌集聚资源、联动产业、辐射行业的能力，注重老字号品牌革新升级、新锐品牌培育与绿色低碳可持续发展，培育具有国际影响力的知名品牌。

（五）建设一批时尚产业大数据技术应用的公共服务平台

通过开展试点示范，培育一批服务于时尚产业的大数据技术公共服务平台，发挥试点先行、示范引领作用，推广时尚产业大数据技术应用的先进建设经验，培育一批流行趋势前瞻、创意设计与成果转化、资源集聚对接、渠道创新拓展、品牌宣传推广、国际化产能与渠道合作等领域的专业高效、协同能力强的公共服务平台、行业平台与优质服务供应商，着重发挥公共服务平台对时尚产业高质量发展的服务与辐射能力。

（六）注重提高大数据资产管理与安全治理水平

从标准制定、市场准入、规则制定、风险预警与监督管理机制等方面着手，围绕大数据技术应用的安全风险问题防控，健全安全保障体系；把握重点数字技术在标准制定方面的规则话语权，加强数字经济领域反垄断；健全数据安全、网络安全法规，制定细则方法和司法解释，明确主体责权，加大对违法行为的惩戒；研究提高数据防护技术，加大技术专利、数字版权、数字内容产品、个人信息隐私等保护力度，构建科学高效、安全可控的时尚创新生态。

（惠露露　中国纺织工业联合会品牌工作办公室）

第六章　我国时尚产业与数字经济园区融合发展研究

　　科技与文明的进步变革，推动经济社会不断发展演变，不同时代的生产力水平，造就相应的生产关系，表现出不同的经济形态。人类历史发展到今天，共产生了四种经济形态：原始经济、农业经济、工业经济和知识经济。当前人类历史已经处在工业经济与知识经济的衔接交融时期，知识经济已经应运而生，正逐渐成为人类社会的主要经济形态。数字化是知识经济的主要标志之一，是知识经济的一个必经环节。大数据、云计算、移动互联网、物联网、人工智能等新一代数字技术迅猛发展，数字化发展不断融入生产生活，改变传统的生产生活方式，改变人们的行为方式、社会交往方式、社会组织方式和社会运行方式，深刻影响人们的思想观念和思维方式，不断创造新的产业形态、商业模式、就业形态。在我国，数字化已成为推动经济发展的主要力量，正推动我国各类产业实现转型升级发展，2021年底，国务院发布了《"十四五"数字经济发展规划》，全方位推进我国各产业、各经济领域进行数字化发展。

　　时尚产业在我国国民经济中具有重要的发展地位和庞大的规模体量。时尚产业门类众多，产业链条丰富，产业环节交错发展，推进数字化转型发展，需要打破众多行业壁垒，整合多方面资源，联合大量产业主体，数字化转型发展任务艰巨，同时蕴藏着巨大的价值发掘空间。园区化发展是我国时尚产业的突出特征，时尚园区是承载我国时尚产业高质量发展的主要载体，肩负着通过数字化发展提升产业运行品质，实现新旧动能转换，助推国家经济与社会转型升级的时代重任。

　　当前我国时尚类园区，已经全面发力数字化发展，在园区信息基础设施建设、企业数字化转型、数字化公共服务平台建设、园区服务管理数字化等方面取得了诸多成绩。例如，北京首钢园由传统的钢铁企业厂区转型为时尚产业数字经济园区，近年来在数字化发展方面进行了诸多有益的尝试，许多经验值得全国时尚园区参考和借鉴。但是总体上看，我国时尚类园区的数字化进程还处在初级阶段，园区数字化建设还存在不够深入、不够全面、不够市场化等诸多问题，后续发展需要注意循序渐进，夯实基础，突出主体，从源头做起，实行集成式发展，注意综合协调推进，以获得持续、切实、可观的发展。

一、我国时尚产业园区的基础情况及数字化发展特征

（一）园区化发展是我国时尚产业的突出特征

时尚产业是以文化为依托、技术为基础，通过创新、创意和创造对各类传统产业资源要素进行整合、提升后形成的新兴产业链，是跨越先进制造业与现代服务业产生界限的综合化产业。时尚产业既有先进制造业的概念，也涵盖了传统手工业为主的产业形式；既体现着现代审美的时尚需求，也展现了对传统文化的吸收利用；既包括了第二产业的生产制造环节，也容纳了第三产业中商业、媒介、媒体、设计等一系列的服务业态，是创意性、生产性的新兴产业运作方式。综合来看，时尚产业具有产业链长、产业要素多样、产业分工复杂，规模效益明显等特点，集群式、园区化发展高度契合时尚产业的发展需求。事实上，在历史发展过程中，我国时尚产业也形成了数量众多、规模庞大、影响力广泛的产业园区。

纺织服装产业是我国时尚产业的主体，在我国最早走上产业集聚发展道路。经过三十多年的发展，当前在全国各地形成了规模庞大、行业特色明显的几百个纺织服装产业集群，它们全面、深刻地影响着地区经济的发展走向以及人民生产生活的方式与水平。据中国纺织工业联合会发布数据，截至2021年底，全国共有210个纺织服装产业集群，集群地区所容纳的产业体量约占全国产业总量的50%。产业集群体现着我国纺织服装产业的整体制造水平、科技应用水平和产业竞争力水平，它们反映出我国纺织服装产业的布局情况，是我国纺织产业格局的重要表现形式。而具体在每个集群中，园区化又是一个突出的发展形态，每个纺织服装产业集群几乎都建设了专门的产业园区，全国总计已经建成了数以千计、规模不一的纺织服装产业园区。这些园区集中企业发展，共享基础设施，形成区域产业配套，共创区域品牌，成为各地产业发展的主力军，是全行业实现转型升级的主体力量。

（二）全国时尚产业园区高度集中在东部经济发达地区

我国时尚产业高度集中在东部经济发达地区，以纺织服装产业为例，约有80%的产业体量分布在江苏、浙江、广东、福建、山东五个产业大省，广大的中西部地区所占产业比例较小（图6-1）。当前我国东部地区的时尚产业普遍面临用地紧张、招工困难、水电气能源价格偏高等发展难题，正在积极谋求向中西部地区进行布局和转移。中西部具有产业承接条件的地区，通过制定优惠的产业政策，规划建设产业园区，大力推进产业基础设施建设，产业园区正快速发展。

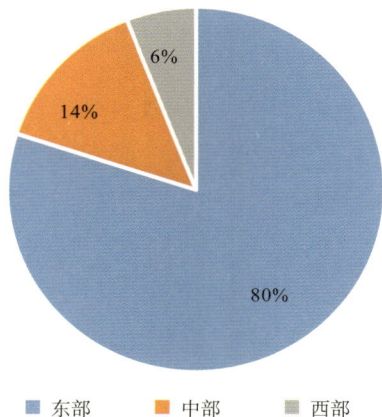

图 6-1 我国纺织服装产业集群（园区）分布情况

（三）全国时尚产业园区的基本类型

概括来看，全国时尚产业园区可以分为工业类园区、商贸流通类园区、创意设计类园区三个基本类型。工业类园区主要分布在县、乡两级区域，东部的工业类园区经过较长时期发展，呈现出"一县一业，一乡一品"的发展特点。中西部园区主要集中在产业承接活跃的县级区域，发展时间较短，以招商引资为主。流通型产业园区主要集中在东部产业集中地区，以省级、地市级区域为主体，如杭州四季青服装市场、绍兴柯桥中国轻纺城、广州白马服装市场等。创意设计园区主要集中在北京、上海、深圳、广州等时尚都市以及部分产业发达的集群地区，如"751D·PARK北京时尚设计广场""深圳大浪服装时尚小镇""广州红棉国际时装城""杭州艺尚小镇"等。

（四）全国时尚产业园区的数字化发展水平参差不齐

我国时尚产业具有中小企业占比大、劳动密集、产业链环节多、产品个性化程度高、市场变化快等特点，推进数字化发展存在较多的困难。目前各地产业园区的数字化发展水平不一，整体水平还比较落后。许多园区的数字化应用更多表现在传统的门禁、停车、监控等初级层次，产业内容的数字化还不够深入，数字化的集成分析、深度应用还发展不足。但是部分先进园区率先推进数字化转型，在自动化、智能化、生产管理、低能耗、柔性生产、供应链管理等多方面取得了不同程度的进展。概括起来主要有五个方面，一是生产数据采集＋智能化装备，实现数据连接和管理；二是信息化软件和系统建设，完成精益分析优化生产、降本增效，提升产品制造的数字化水平；三是连接外部企业，优化供应链协同；四是针对小批量、定制化订单问题，实现柔性生产，打造信息化供应链管理体系；五是推进地区产业资源和信息共享，助推地区产业管理实现集成化、协同化。

二、我国时尚产业与数字经济园区融合发展的先进案例

北京首钢园是近年来规模体量大、发展速度快、影响力广泛的一个时尚园区，它的发展轨迹具有典型性，它的发展成绩具有示范性，它的发展措施也具有比较普遍的代表性，下面重点介绍首钢园的数字经济开发运行情况，以期达到对全国时尚产业园区窥一斑而知全貌的目的。

（一）首钢园成为时尚产业园区的转型发展历程

1.逐步发展成为钢铁企业的大型园区

首钢园始建于北洋政府时期，1919年3月由官商合办的龙烟铁矿股份有限公司创办石景山炼厂，选址在永定河畔的石景山东麓。抗日战争爆发后，石景山炼厂被日本侵略者霸占，1938年4月更名为石景山制铁所。抗日战争胜利后，石景山制铁所于1945年11月被国民政府接收，改名为石景山钢铁厂。1948年12月17日，中国人民解放军接管了石景山钢铁厂，成为北京市第一家国营钢铁企业。

中华人民共和国成立后，石景山钢铁厂逐步发展成为全国著名的大型钢铁企业。1958年建起中国第一座侧吹转炉，1959年建成了三高炉、三焦炉、烧结厂，1961年建成当时具有先进水平的年产30万吨的小型材轧钢生产线，1964年建成中国第一座30吨氧气顶吹转炉，1965年厂内的高炉喷吹煤粉、入炉焦比、高炉利用系数等经济技术指标达到世界先进水平，1967年石景山钢铁厂更名为首都钢铁公司（简称首钢）。20世纪80～90年代，首钢成为拥有二十多万职工的超大型工业企业，厂址所在的石景山区也在首钢的带动下率先完成城市化，并兴建了游乐园、体育场馆等城市设施，成为北京郊区中较为发达的地区。

2.让位环保实行减产、停产

随着全国工业发展转型升级以及北京城市建设的环保需求，首钢搬迁开始进入倒计时。1994年首钢决定不再增加产量，同时开始治理污染。2001年北京申办2008夏季奥运会成功后，把首钢工厂从北京向外地搬迁的呼声不断高涨。2004年8月首钢决定实施战略性搬迁，2005年国家发展和改革委员会正式批复了首钢搬迁到曹妃甸的方案。2005年6月，服役了47年的5号高炉停产，拉开了首钢的搬迁序幕。2010年底，首钢搬迁完成，首钢北京园区全面停产。首钢园园区面积广阔，占地面积为863万平方米，在首钢搬迁停产基础上，北京市政府为支持企业转型发展，在长安街西延长线两侧划定了高端产业综合服务区，总面积为22.3平方千米。

3.转型发展时尚产业

2015年北京冬季奥运会申办成功，北京冬奥组委会决定落户首钢园。2016年5月，北京2022年冬奥组委入驻首钢园区西十筒仓办公，成为落地首钢园区的第一个

客户。2017年11月，北京市规划和自然资源委员会正式批复《新首钢高端产业综合服务区北区详细规划》，同意在首钢园区北区规划建设石景山景观公园、工业遗址公园、公共服务配套区、城市织补创新工场等功能区域，同时结合冬奥会的承办建设首钢滑雪大跳台、国家冬训中心、冬奥广场等设施。此外，为配合首钢园区的综合开发，首钢园附近开始建设地铁11号线，同时金安桥、苹果园等地铁枢纽也开始进行综合改造，首钢园的交通通达性进一步改善。2018年12月，中共北京市委办公厅、北京市人民政府办公厅印发《加快新首钢高端产业综合服务区发展建设，打造新时代首都城市复兴新地标行动计划（2019年—2021年）》，确定到2035年左右，把新首钢地区打造成为传统工业绿色转型升级示范区、京西高端产业创新高地、后工业文化体育创意基地，建成具有全球示范意义的新时代首都城市复兴新地标。

（二）首钢园的时尚产业布局

根据《加快新首钢高端产业综合服务区发展建设，打造新时代首都城市复兴新地标行动计划（2019年—2021年）》，新首钢地区整体空间结构为"一轴、两带、五区"：一轴为长安街首都功能轴，两带为永定河生态带、后工业景观休闲带，五区为冬奥广场区、国际交流展示区、科技创新区、综合服务配套区和战略留白区。新首钢高端产业综合服务区占地面积约22.3平方千米，涉及"三区一厂"，包括石景山、丰台、门头沟三个行政区部分区域和首钢老厂区。其中，首钢权属用地约8平方千米。

首钢园以园区工业遗址为基点，划分为北区、南区和东南区，每个区域都有其特定的功能定位。北区为"三带五区"的空间结构布局，规划范围总用地面积为291万平方米，建筑规模为182万平方米，现已建成初具规模的首钢园区体育场馆群，初步形成国际化视野的潮流运动中心和"体育+产业"融合创新中心。南区作为典型钢铁工艺设施的密集分布区，建筑规模为390万平方米，以"两带五区"为空间结构布局，保留下了很多原钢铁厂设施。东南区新建"新首钢国际人才社区核心区"，被赋予人才引进、国际交流和商务服务等功能，为国际人才创新创业、国际企业总部落地提供支撑（表6-1）。

表6-1　首钢园区部分改造项目汇总

项目	项目区域	改造后规划
1号高炉改造工程（建筑面积达2.5万平方米）	一层为艺术展示区 二、三层为主题秀场 四层以上为未来科技乐园	虚拟现实博物馆、沉浸式剧场、VR电竞、智能体育、奥运项目体验中心、未来光影互动餐厅及全息酒吧等

项目	项目区域	改造后规划
三高炉（有效容积2536平方米）	共三层，顶层建有325平方米的玻璃栈道参观平台	最具特色的展览展示中心
四高炉	/	游戏创新体验区，特色电竞场馆
石景山景观公园（占地面积25万平方米）	/	首钢唯一的山野寺庙景观
秀池（总占地面积4.2万平方米）	景观水池、地下车库、圆形下沉式展厅	文化创意展厅
脱硫车间（规划用地面积9200平方米）	分为地上地下两个区域	集办公、展览展厅、屋顶花园、多功能会议和立体机械车库及设备用房的首钢气质会客厅
金安桥轨道交通一体化项目（规划总建设面积12万平方米）	项目分为4个区： A科技创意区 B极限运动景观公园 C遗址公园体验区 D创意文化设计区	集高端办公、餐饮购物、休闲娱乐于一体的现代化活力社区
西十冬奥广场项目（规划总用地面积9.8万平方米，总投资约20亿元）	项目共有24栋单体，分布在6个地块，含有五一剧场、冷却塔等较多特色工业遗存	为冬奥会提供办公、会议、餐饮、住宿及停车和新闻发布会等综合服务，赛后转为商业办公，商业零售购物，餐饮及附属设施
制氧厂改造项目（建筑总面积11.6万平方米）	项目改造分南北两区，北区8个单体，南区包括一万六制氧厂房改造、滨湖办公楼、氨气车间、3350车间，E#车库和F#车库6个单体	北区设为冬奥期间赛时入场检察，纪念品售卖间等赛时配套功能用房，赛后为康体娱乐、办公使用；南区设计主要功能为办公楼和演播厅
国际人才社区及中欧创新园（总建筑面积约30万平方米）	人才社区+下沉广场	将建设数字娱乐中心、潮流商业街区、新概念轻磨公寓、奢侈品概念店以及网红餐厅、书店等，营造24小时沉浸式娱乐时尚秀场。还将提供酒店式服务的长租型精装公寓以及办公楼

（三）首钢园的数字化发展举措

1.引进数字化先进企业

原首钢制氧厂位于长安街西延线黄金地段，坐拥20万平方米群明湖生态绿廊，紧邻首钢滑雪大跳台冬奥赛场和新首钢大桥。如今，探月与航天工程中心、腾讯、百度、云转播公司等一批创新项目已在此区域落地。此外据统计，截至2021年底已有120家企业入驻首钢园区，其中科幻、人工智能等"科技+"企业70家，"体育+"企业12家，商务服务配套类38家。

2.借助数字化手段打造时尚"园中园"

曾经用于存储炼铁原料的西十筒仓，转型成为北京2022年冬奥会和冬残奥组委会办公地。西十冬奥广场是首钢园步入转型发展阶段的第一个改造项目，再现工业风貌的同时融合生态科技办公理念，成为集办公、会议、交流、休闲、健身、餐饮为一体的 Mini 首钢园。北七筒拥有层高 4.7 米的高挑空办公空间，工业风貌壮丽，是低密度的"园中园"，紧邻阜石路和冬奥组委办公区，周边配套有立体停车库、星巴克、首钢工舍洲际假日酒店等设施。

3. 整体引进和建设数字产业

首钢金安桥科幻广场依托园区内工业遗存已成为北京市发展科幻产业的重点集聚区。该区域围绕"科幻""元宇宙"已形成涵盖企业办公、应用场景展示、公共技术平台、产业论坛大赛的完整生态。2020 年 11 月，第五届中国科幻大会在首钢园开幕，中国科学技术协会与北京市政府签署《促进北京科幻产业发展战略合作协议》，全国首个科幻产业集聚区在首钢园正式挂牌；石景山区发布了科幻产业促进政策方案"科幻 16 条"及《首钢园科幻产业集聚区实施方案》，明确将利用占地面积 71.7 万平方米、建筑面积 16 万平方米的区域，打造科幻国际交流中心、科幻技术赋能中心、科幻消费体验中心、科幻公共服务平台（三中心一平台）。

4. 承接举办数字化时尚活动

往日承担冶炼功能的功勋高炉——3 号高炉，改造后成为企业新品发布、大型展览展示交流为一体的多功能城市空间，是首钢最具特色的展览展示中心。一系列优质产业项目和基地中心逐步落地，包括"全球首发中心""新型会展空间"等。2021 年 9 月 16 日，在首钢园 3 号高炉开启 2021 北京时装周潮流发布，首钢园作为 2021 北京时装周线下会场，在四天内举行了 12 场潮流发布，燃动京城时尚烽火，成为品牌发声大型舞台。

5. 培育数字化产业生态

首钢园持续改善产业生态环境，形成了促进大中小企业融合创新发展的科幻产业联合体、科技与体育跨界融合的产业新模式、企业与资源的导入平台中关村科幻产业创新中心。为了扩大"科幻朋友圈"，首钢集团联合业内 40 家企业、高校、科研机构于 2021 年共同组建成立全国首个"科幻产业联合体"，首批成员单位包括保利影业、北方华录等中央企业，腾讯、华为河图等创新民营科技企业，清华大学、中国科幻研究中心等科研机构也加入其中，还有京东方等硬件厂商。联合体致力于联动各界产学研用资源和人才跨界共同发力。

借助科幻产业联合体平台，大中小科幻企业可以在首钢园实现"联合创新"，不仅体现在信息共享交流层面，更多是打造产业发展的共同体。目前联合体已经促成了多家成员单位之间的业务合作，包括技术、产品与平台等多个方面，例如，优奈柯恩基于自主研发的核心硬件产品 NrealLight 及 AR 空间操作系统 Nebula，可为全球科幻产业开发者用于 5G+AR 内容开发的公共服务平台。诺亦腾计划推出的光惯混合动作捕捉关键技术公共平台，可满足虚拟拍摄、虚拟数字人等创意制作。天图万境计划打造的电影工业公共服务平台，可广泛应用于影视拍摄、短视频制作、视频直播、VR、AR、游戏及360°环幕电影等。

6.建设数字化展示与体验基地

首钢集团与多家合作伙伴签约共建自动驾驶服务示范区，为市民带来了全新的智慧化、数字化生活新体验。未来，园区还将重点推进智能网联汽车技术产业化、加快建设智能路网设施、建成满足超大城市出行需求的交通云、率先建设5G车联网、大力发展高精度地图产业，全力打造以智能网联汽车为代表的城市科技实验场和孵化器。首钢园还配合政府把自动驾驶设置在封闭园区运行，并辐射到石景山地铁站周边，为来园区观赛或者打卡的观众和游客提供综合服务。此外，首钢园还将科技与体育进行跨界融合发展，VR冰壶课题就是其中的缩影，为游客带来全新数字化体验。在首钢园，一个仅用六分之一冰壶场地构建的物理空间，在搭载"AI+5G+AR"技术后，体验者便可以轻松体验到数字化的冰壶运动了。

7.搭建数字化公共服务平台

首钢园正在建设线上线下融合的科幻产业公共服务平台，赋能园区企业发展。据了解，科幻产业公共服务平台线上部分为"全球科幻生态开发者平台"，已经集成全景声"WANOS声学平台"、灵犀AR阿拉丁开发平台、凌宇nolo"SodarTraq"平台等多个公共技术服务平台，线下平台有光学影像全栈式技术、科幻产业专利池、高精度空间感知、多模态交互、全息渲染等各项5G+AR功能及底层算法开源、基于光惯混合动作捕捉、XR虚拟拍摄等线下公共服务平台。据了解，北京市将围绕首钢园建设元宇宙应用场景，打造具有国际影响力的元宇宙示范应用新高地。首钢园将联合入园企业，依托工业遗存资源禀赋和冬奥场馆空间，以1号高炉SoReal超体空间、瞭仓沉浸式数字科幻博物馆、华为河图元宇宙、RE睿·国际创忆馆等应用场景为切入口，打造数字创新"试验场"，赋能园区企业发展。

8.数字化打造产业创新中心

园区产业生态的搭建也离不开以中关村科幻产业创新中心（元宇宙中心）等为代表的资源平台的助力。创新中心以科幻、元宇宙产业为主导，面向北京市建设国际科技创新中心、全球数字经济标杆城市、国际消费中心城市重大战略，布局"一空间、一平台、一大赛、一中心、一基金"，形成以场景应用为牵引、以技术突破为关键，支持科幻技术关键环节创新及全链条发展，促进科幻技术企业集聚，助推科幻产业集聚区建设。截至2022年3月，已有25家企业在创新中心陆续开始空间选位，其中技术企业20家、内容企业5家。创新中心于2022年5—6月盛大开业，期间举办了项目签约、企业入驻等一系列活动。

9.促进数字化消费体验

首钢园·六工汇包括11栋独栋产业、11栋独栋旗舰商业和一座购物广场，由六幅互通的地块组成，是一个汇聚低密度的现代创意办公空间、复合式商业、多功能活动中心和绿色公共空间的城市更新项目，也是北京国际消费中心城市建设的6个商品消费提档升级的重点项目之一。在商业定位方面，首钢园·六工汇以家庭及Z世代作为主力消费人群，将室内体验和户外活动相结合，主打体验＋展示＋餐饮的结合消费，助力北京国际消费中心城市建设。

首钢集团通过与北京中关村科技园区管理委员和合作共建的"中关村（首钢）人工智能创新应用产业园"，在园区管理和商务服务方面进行数字化创新，成为一大发展亮点。例如，通过人脸识别技术将覆盖园区内的智慧楼宇，通过自动驾驶和智能网联服务技术将广泛应用到园区的智慧交通中，酒店服务机器人将实际服务园区智慧酒店，AI机器人技术将为首钢智慧园区提供智能安防、智能制造等服务。

10. 促进数字化对外交流

在搭建产业平台方面，首钢园拥有高能级展示交流平台（服贸会）、高水平产业服务平台（中国科幻大会）和多维度场景应用平台。首钢园不仅承载上述会议的举办地功能，而且充分链接赋能整个行业，帮助园区入驻企业与行业相连。

11. 推动数字化公众活动发展

首钢园高频举办各类数字化活动，既服务于公众的参观需求，也进一步塑造园区数字时尚的发展形象。2021中国科幻大会期间，共有500余位国内外各界专家参加专题活动，公众参与度超过历年大会，到访大会公众人数逾4万人次，仅"科幻电影周"参与公众就超1万人次，"潮幻奇遇季"门票累计销售1.3万余张。大会期间，首钢园总消费额达392.41万元，同比增长58%。

三、我国时尚产业园区与数字经济融合发展存在的问题

（一）软件性基础设施建设不足

近年来，全国时尚产业园区大力推进园区的数字基础设施建设，在基础设施建设上进行了很多投入，然而总体上以硬件建设为主，在软件性基础设施方面的投入还不够到位，园区的产业数据平台建设、数据资产积累、数据互联互通、数据深度应用等方面发展不足。由于软件性基础设施存在缺陷，一方面，园区内外产业链各类资源和数据还没有得到有效流通，供需双方难以高效协同；另一方面，园区内产业园区的服务模式、服务手段、服务效率还有待改进。

（二）数字化专业服务发展不足

我国时尚产业推进数字化转型需要一大批能深入对接行业需求的数字化服务商，在园区内服务各类型企业转型升级，并有效整合园区内的资源和信息。然而，当前很多园区尚未能有效引入高品质的数字化服务商，所推行的数字化内容还流于表面，不能深入推进产业数字化发展。

（三）园区企业推进数字化发展的能力不足

我国时尚产业以中小企业为主体，在技术、人才、资金等方面力量薄弱，推行数字化发展存在明显短板。在产业内部，大小企业间的数字化发展水平差距较大，小企业数字化发展水平还很落后。许多产业环节的价值链水平不高，利润空间较小，推进数字化发展能力不足。

（四）园区数字化管理能力不足

目前，全国为数众多的园区还没有形成系统化的智慧管理平台，尤其在智慧安全、智慧环保、智慧应急、智慧能源、智慧招商、数字化征迁、公权力监管、经济运行分析等方面没有全面引入数字化技术，尚未实现园区整体智慧化运行管理。

（五）产业数字化深度不足

时尚产业的数字化改造还没有全面深入产业内部，尚未满足各细分产业的特性需求，还缺少公认的数字化标杆企业，各细分行业缺少数字化建设统一标准，数字化的市场运作程度较低。园区企业还没有从组织变革和战略高度去推进数字化，数字技术与业务发展融合不够，数字化技术赋能企业价值作用不明显。

（六）产业数字化不均衡

目前全国时尚产业数字化发展不够均衡，东部地区，尤其是一线城市园区数字化发展水平相对较高，中西部等新兴产业园区以工业制造为主体，数字化发展水平还比较粗浅。在产业链上，不同环节的数字化发展也不均衡，技术密集、资金密集的环节数字化水平相对较高，劳动密集环节水平相对较低。

（七）产业数字化不协同

园区内部的龙头企业平台、数据、资源开放共享程度较低，对上下游企业数字化转型的带动作用较弱，龙头企业、数字化平台企业的引领、推动作用发挥不够明显，产业园区尚未形成数字化的协同效应。

四、我国时尚产业与数字经济园区拥有进一步融合发展的巨大空间

（一）数字经济正快速渗透进入我国各类产业

根据 2022 年 7 月中国信息通信研究院发布的《中国数字经济发展白皮书（2022年）》显示，我国产业数字化占数字经济比重已经超过八成（图 6-2），2021 年数字经济规模达到 45.5 万亿元，产业数字化成为我国数字经济发展的主引擎。白皮书还特别指出，以往我国数字经济的发展是以电商为代表的消费互联网为主，近年来工业互联网对数字经济的带动作用已变得更加明显。

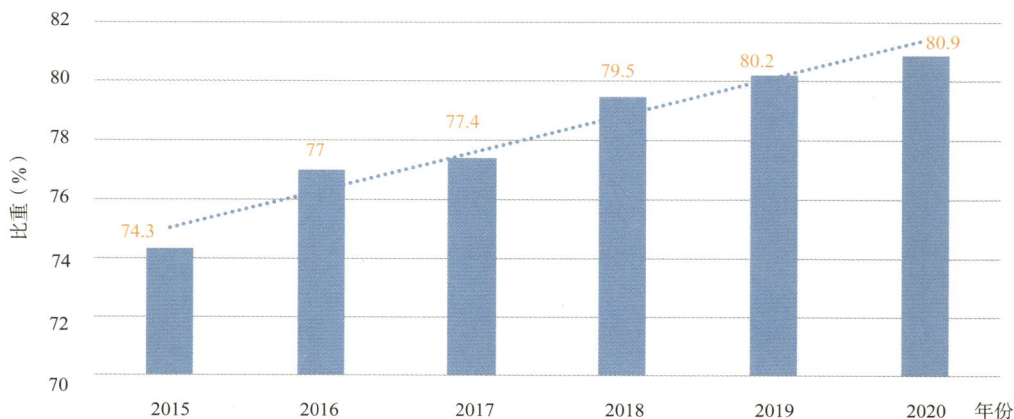

图 6-2 我国产业数字化占数字经济比重情况

数据来源：wind。

（二）我国时尚产业拥有巨大的数字化发展空间

1.我国时尚产业规模巨大

时尚产业在我国国民经济中具有重要的发展地位和庞大的规模体量。以纺织服装行业为例，第四次全国经济普查结果显示，我国纺织服装行业有 121 万个企业法人，从业人数达到 1612.4 万人，行业资产达到 12.24 万亿元，营业收入达到 13.6 万亿元（表 6-2）。服装服饰是时尚产业的核心部分，其规模也非常庞大。根据国家统计局数据，2021 年我国服装行业规模以上（年主营业务收入 2000 万元及以上）企业12653 家，实现营业收入为 14823.36 亿元，利润总额为 767.82 亿元；2021 年，我国限额以上服装鞋帽、针纺织品类商品零售额为 13842 亿元；2021 年，我国服装出口总额为 1703 亿美元。

表6-2　我国纺织服装产业经济规模主要指标

行业	企业法人单位数（万个）	从业人员（万人）	资产总计（亿元）	营业收入（亿元）
纺织业	14.4	471.7	27143	31506.5
服装、服饰业	17.8	582.2	18382.4	23576
化学纤维制造业	0.7	49.3	8632.6	8978.3
纺织制造业合计	32.9	1103.2	54158	64060.8
纺织、服装及家庭用品批发	54.1	326.4	40087.7	62520.1
纺织、服装及日用品专门零售	34.7	182.8	8119	9414.1
纺织服装批发零售合计	88.8	509.2	48206.7	71934.2
总计	121.7	1612.4	102364.7	135995

数据来源：国家统计局。

2.我国时尚产业具有全领域数字化发展的需求

据中国信息通讯研究院发布的《中国数字经济发展报告》，2021年我国第一、第二、第三产业数字化渗透率大约分别为10%、22%、43%（图6-3），相比美国和欧洲发达国家，发展程度还远远落后。2020年，发达国家第一、第二、第三产业数字化渗透率已分别达到14%、31.2%、51.6%（图6-4）。在我国产业数字化发展过程中，服务业是我国产业数字化进程推进最快的领域，第二产业数字化渗透率正在加速推进，但较之第三产业仍处在低位水平，第一产业数字化渗透率相对滞后。当前我国产业数字化正由消费领域向生产领域大力拓展。

时尚产业以时尚产品和服务的生产流通为中心，涉及生产制造、文化创意、现代服务等广泛内容，主要聚集在第二产业、第三产业，各细分领域均是当前数字经济发展的活跃领域。时尚产业发展的驱动力与产业、科技、文化、商业四大力量密切相关，在当前的数字化进程中应该全面推进，实现协同发展。

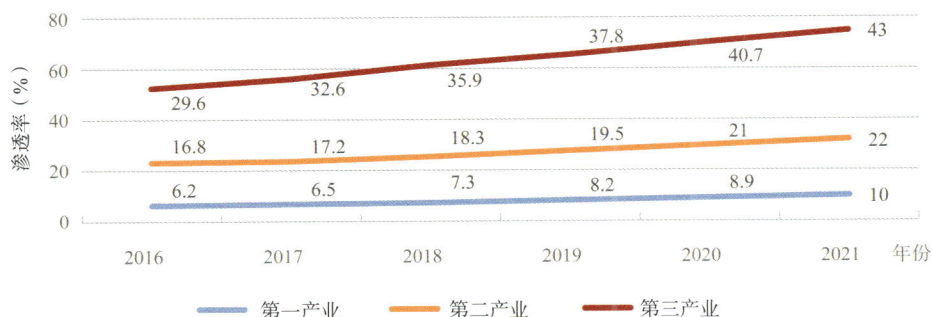

图 6-3　我国产业数字经济渗透率情况

数据来源：wind。

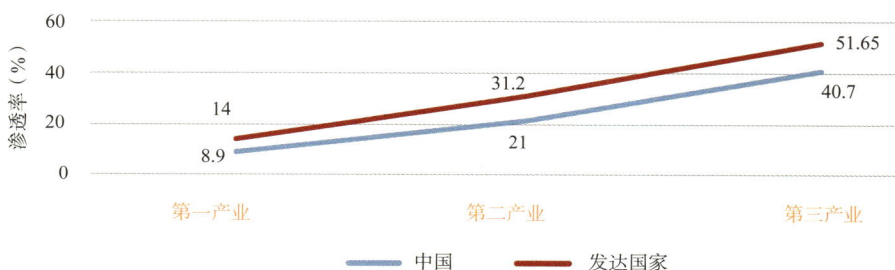

图 6-4　我国与发达国家产业数字经济渗透率对比（2020 年）

数据来源：wind。

3.我国时尚产业链适宜构建庞大的数字化产业网络

时尚产业的产业链条环节众多、嵌套发展，为产业数字化发展提供了丰富的探索开发空间。时尚产业的产品与服务，具有物质与文化水乳交融的特征，广泛链接文化创意、生产、流通、消费环节，集合了丰富的跨行、跨界内容，因此推进时尚产业数字化，在整个经济形态和社会中能产生强大的协同、带动作用。以服装产业为例，其产业上游链接棉、毛、化纤等原材料生产，产业中游链接纺纱、织布、染整、制衣等环节，产业下游链接流通、零售、服务等内容，要实现整个产业链的数字化发展，需要打通诸多环节，具有较大的挑战性，但实现意义非凡，可以在产品研发、制造装备、生产加工、管理运营、商业决策、渠道管理、售后跟踪等方面得到深入应用，以创造巨大的经济价值（图6-5）。

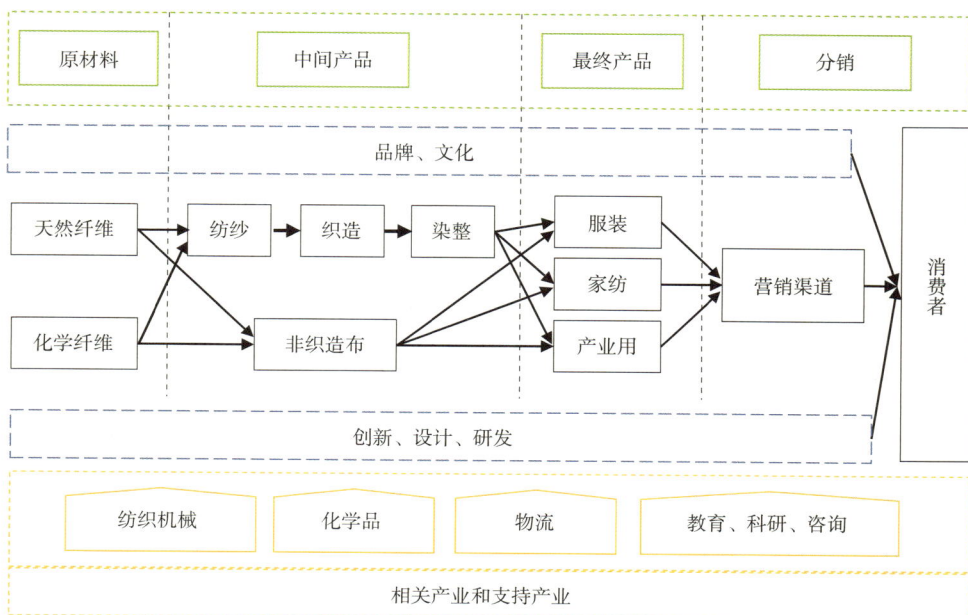

图 6-5　我国纺织行业产业链主要环节

五、推进我国时尚产业与数字经济园区融合发展的建议

（一）循序渐进，以市场化运作推进园区数字化转型

要提高园区建设在数字化发展方面的前瞻意识，从长远利益进行考虑，强化园区数字化转型的必要性和紧迫性认识，主动跟上时代步伐。要找准园区产业数字化转型的核心和特色需求，有计划、有重点、有层次、有步骤地展开数字化建设，切忌一哄而上、盲目跟从。要发挥市场在资源配置中的主体作用，以市场化运作推进园区数字化项目，提高数字转型的经济收益。要根据园区的财力、物力，分步推行各类数字化转型项目。

（二）夯实基础，强化时尚园区数字化基础建设

时尚园区推进数字化发展，要重点发展硬核能力，强化基础建设，为产业转型升级提供切中实际、可持续的发展动力。要注重加强"新基建"建设，提升园区基础设施数字化支撑能级。要完备园区信息基础设施，增强信息网络综合承载能力和信息通信集聚辐射能力，提升信息基础设施的服务水平和普遍服务能力，满足园区企业对网络信息服务质量和容量的要求。首先，园区应建设新一轮的信息网络基础设施，包括光纤宽带、物联网、5G、IPv6等，增强信息网络综合承载能力，满足园区企业对网络信息服务质量和容量的要求。其次，应合理部署大数据中心、云计算中心、人工智能算力中心等，为园区和园内企业提供数据信息的相关服务。再次，科学部署新能源汽车充电桩、工业互联网设施、人工智能设施等，提升园区基础设施对于数字化的支撑能级。最后，园区应建设智能建筑、智能化公共设施，实现建筑及公共设施状态可感、精细管理、开放共享。

（三）突出主体，重点推进产业和企业数字化转型

园区的主体功能在于服务产业和企业发展，园区的数字化发展也要树立明确的主导目标，即推进园区产业和企业实现数字化转型。时尚类产业园区进行数字化转型，不能局限于园区本身的数字化管理，要把推进园区企业和产业实现数字化转型升级当作园区数字化发展的重要一环。园区要增强产业数字化转型智能服务能力，协助园内企业加快数字化改造速度，着力提高产业基础能力及产业链水平，建设良好的产业生态环境。

（四）从源头做起，大力发展数字化时尚资源内容

当前，我国时尚产业还存在文化创意开发建设不足、产业缺乏文化内容支撑、优质产品供给不足、产业结构失衡、人才匮乏等诸多问题，时尚产业的数字化发展还不够深入，还没有完全爆发出足够的生机活力。时尚园区推进数字化发展，要注

意从源头做起，大力发展数字化时尚资源内容。要扶持文化企业进行创新研发工作，加大对文创企业的支持力度、对数字内容的建设与管理，强化招人留人举措，帮助企业留住人才。

（五）集成式发展，广泛搭建数字化发展平台

时尚园区推进数字化发展，要发挥好园区的综合性平台作用，为园区企业积极搭建各类功能性数字化发展平台，有效整合产业资源与市场资源，为企业提供更加广阔的发展空间。要积极打造数字经济产业生态空间，为园区企业构建从初创到孵化到加速的生态发展链条，为区域数字经济发展凝聚力量。一是着力打造数字化平台，通过平台优化资源配置，提升全要素生产率，强化经济发展的协同效应；二是推进工业互联网建设，通过搭建工业云平台，推动工业技术软件化提升，实现个性定制、协同制造等延伸服务；三是全力打造数字供应链，以需求为导向，通过数据业务化、业务数据化，构建"线上+线下"全流程、一体化的供应链服务体系。

（六）综合推进，全面打造时尚园区数字化发展环境

推进园区数字化要避免碎片化发展，园区的各个部门、各条线、各个板块要做好顶层规划、协调推进，避免重复建设造成浪费。要推动新技术与办公场景的深度融合，提升管理效能、降低运营成本；要创新物业运营模式，构建全方位企业服务体系，搭建更开放的园区社群环境，助力园区管理智慧化转型升级；要使用好"人工智能 + 物联网 + 边缘计算"技术，在全园中完善数据采集系统，通过部署视频图像、监测传感、控制执行等感知终端，实现万物互联、数据可感，从而对消防、车行、人行、能效、环境、安防、楼宇等园区运行状态实时监控、管理和预警，为园区运营数字化转型奠定基础。

（郑治民　中国纺织集团有限公司）

参考文献

[1] 廖博.46家纺织服装园区树立典范[J].纺织科学研究，2020（2）：32–36.

[2] 陈月娜.钢铁工业遗址的文创与旅游开发[J].矿业开发与研究，2020，40（12）：209–210.

[3] 谭云婷.全时全域的智慧园区数据体系[J].高科技与产业化，2020（5）：68–75.

[4] 金凡.园区数字化转型的实践分析[J].电子技术，2021，50（7）：99–101.

[5] 谢芳，杨俊逸.智慧园区还需提高"智慧"[J].中国信息界，2021（4）：73–75.

[6] 蔺紫鸥.首钢园：百年工业遗存的华丽"转身"[N].光明日报，2021-9-6.

第四篇

区域创新篇

第七章 北京：建设全球标杆数字城市下的时尚产业发展

　　数字经济正在成为重组全球要素资源、重塑全球经济结构、改变全球竞争格局的关键力量，把握新一轮科技革命和产业变革新机遇，北京市大力发展数字经济，以信息化培育新动能，用新动能推动新发展，在推动北京建设成为中国数字经济"北京样板"、全球数字经济的"北京标杆"和国际消费中心城市等方面取得新的突破。在2021全球数字经济大会上正式发布的《北京市关于加快建设全球数字经济标杆城市的实施方案》中，北京市明确提出，将通过5到10年的接续努力，打造引领全球数字经济发展的"六个高地"，到2030年，将建设成为全球数字经济标杆城市。

　　时尚产业作为一个城市的名片和形象，是一个城市文化创意产业最为活跃的组成部分。从纽约、伦敦、巴黎等城市作为世界时尚之都的发展历程来看，这些城市时尚产业的发展都与城市更新密不可分，同时，这些时尚之都也都逐渐成为全球的消费中心。随着北京城市功能定位的不断更新和调整，从最早2004年提出建设"时装之都"到2021年国务院批准北京等6座城市建设成为国际消费中心城市，特别是北京市提出要打造全球数字经济标杆城市，也是北京在"十四五"期间，立足新时代，寻找新坐标，拓展新格局的重要举措。数字时尚作为北京时尚产业发展的新动能，正在成为促进北京加速城市更新，以及北京时尚产业高质量发展，不断满足首都人民群众对美好生活期待的重要推动力量。

一、北京市时尚产业发展的现状

（一）北京时尚产业基本情况

1. 产业规模

　　根据北京市统计局发布的数据，2021年北京市纺织服装、服饰业营业收入累计值为682.21亿元（图7-1），利润累计值为20.06亿元，利润率为2.94%。在工业生产方面，2020年北京市纺织服装、鞋、帽制造业产值为69.22亿元（图7-2）。2021年限额以上批发和零售业中，服装鞋帽针纺织品类商品零售额比上一年增长16.9%。

2. 产业特色

　　（1）运动类服装在上市公司群体中占据主导。北京服装行业的上市公司一共有

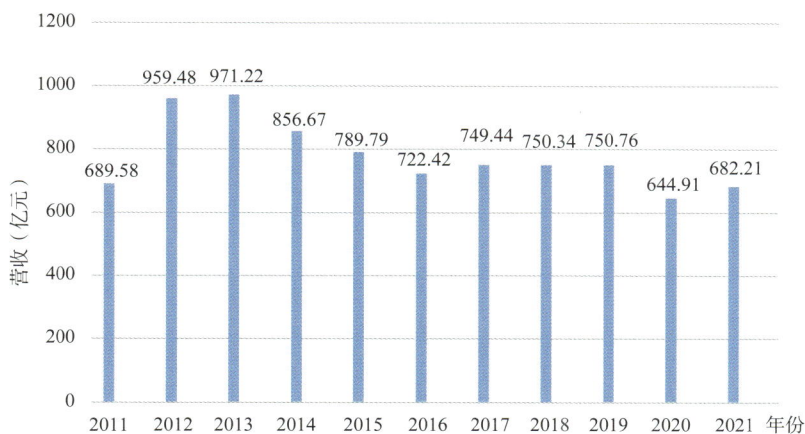

图 7-1　北京市近年纺织服装、服饰业营业收入情况

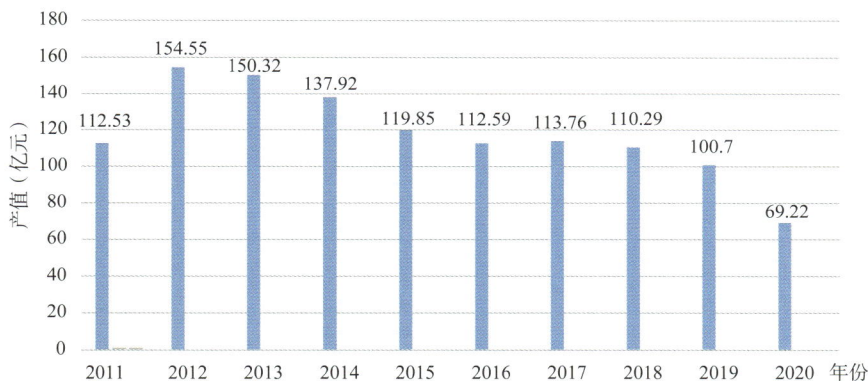

图 7-2　北京市历年纺织服装、鞋、帽制造业产值

7家。探路者主营户外用品、旅行服务和大体育三大业务；三夫户外布局户外营地，打造户外运动体验公园；李宁为体育运动领域的知名鞋服品牌；中国动向集团主营运动类鞋服产品；际华集团主营军需被装，在民用鞋服方面主攻户外运动产品，尤其是极限运动产品；朗姿为女性时尚品牌，爱慕主营内衣和居家服装，但两个品牌近年来也开始涉足运动休闲服饰领域。

　　（2）老字号品牌是北京的独特风景。根据北京市老字号协会前后公布的七批北京老字号名录，目前纺织服装行业的北京老字号品牌和企业共27个，分别是同升和、盛锡福、内联升、步瀛斋、马聚源、瑞蚨祥、红都、蓝天、造寸、谦祥益、云鹿、雪花、宝石、华女、双顺、福景、东华、百花、隆庆祥、雪莲、雷蒙、铜牛、溥利、京冠等（表7-1）。这些老字号各有自己独特的文化传承，经历了时代变迁的考验，当前正在加快时尚创新、强化品牌建设、融入电子商务等发展，是北京纺织服装产业的生力军和特色风景线。

表7-1 北京老字号品牌（纺织服装行业）

编号	名称	注册商标
1	北京同升和鞋业有限责任公司	同升和
2	北京盛锡福帽业有限责任公司	盛锡福
3	北京内联升鞋业有限公司	内联升
4	北京步瀛斋鞋帽有限责任公司	步瀛斋
5	北京步瀛斋鞋帽有限责任公司	马聚源
6	北京瑞蚨祥绸布店有限责任公司	瑞蚨祥
7	北京一商红都服装服饰有限公司	红都
8	北京红都集团公司蓝天服装服饰分公司	蓝天
9	北京造寸服装服饰有限公司	造寸
10	北京谦祥益丝绸有限责任公司	谦祥益
11	北京市地毯五厂	云鹿
12	北京东华服装有限责任公司建华皮货服装分公司	雪花
13	北京光华宝石鞋业有限公司	宝石
14	北京华女内衣有限责任公司	华女
15	北京红都集团公司	双顺
16	北京福景制衣有限公司	福景
17	北京东华服装有限责任公司东华服装分公司	东华
18	北京剧装厂	百花
19	北京隆庆祥服饰有限公司	隆庆祥
20	北京大华时尚科技发展有限公司	
21	北京雪莲羊绒有限公司	雪莲
22	北京制帽厂	
23	北京市前进鞋厂	
24	北京京工服装集团有限公司	雷蒙
25	北京铜牛集团有限公司	铜牛
26	北京清河三羊毛纺织集团有限公司	溥利
27	北京京冠时尚纺织有限责任公司（北京毛巾厂）	京冠

（3）服装定制业务在北京发展良好。在市场消费个性化潮流的驱动下，服装定制已成为我国服装服饰行业充满生机活力的新业态，受到越来越多消费者的青睐。服装高级定制在北京服装服饰产业中发展良好，已经成为一股旺盛的发展力量。铜牛开展的"互联网＋移动智能店铺"是科技与时尚结合的一大亮点，在服装团队定制领域成绩斐然。际华集团在军警被装、行业制装、功能性服装的定制方面处于行业领先地位。

（4）企业结构。通过wind全球企业库查询，北京市现有服装服饰企业约6974家，其中制造型企业2333家，批发零售型4641家。制造型企业中，注册资金在500万元以上的有534家；批发零售型企业中，注册资金在500万元以上的有814家（表7-2）。

表7-2　北京市以服装为主导产业的上市公司

股票代码	公司全称	市值（亿元）
002612.SZ	朗姿股份有限公司	118.22
601718.SH	际华集团股份有限公司	126.48
603511.SH	爱慕股份有限公司	67.44
300005.SZ	探路者控股集团股份有限公司	71.93
002780.SZ	北京三夫户外用品股份有限公司	20.85
2331.HK	李宁有限公司	1498.20
3818.HK	中国动向（集团）有限公司	23.84（港币）

数据来源：wind，市值数据根据截止2022年5月17日。

（二）北京数字时尚产业发展现状

从2004—2021年，北京城市功能定位经历了一系列的调整和更新，这为数字技术与时尚产业的融合发展带来新要求和新动能。从2004年"时装之都"的提出，到2012年作为"设计之都"加入联合国全球创意城市网络，发展时尚产业成为全市产业转型升级和城市品质形象提升的重要途径。"十四五"期间，北京致力于建设国际消费中心城市和打造全球数字经济标杆城市，时尚产业将成为培育消费新引擎、建设数字技术应用新场景、促进城市更新和功能重塑的关键抓手。总体来看，北京市数字技术与时尚产业融合发展具备了良好的基础条件和发展环境，但也存在一定的问题和挑战。

1.数字经济发展水平全国领先

2021年北京市实现数字经济增加值1.6万亿元，同比增长13.1%，占地区生产总值（GDP）比重达40.4%；核心产业增加值超8900亿元，同比增长16.4%，占地区国内生产总值（GDP）比重达22.1%，远远超过全国平均水平7.8%。数字经济企业活跃度达到85%，位列全国第一。数字基础设施建设水平全国领先，2021年底全市5G基站累计开通5.2万个，工业互联网平台数量、接入资源量、国家级智能制造系统方案供应商数量均居全国第一。另据2021年中国质量协会开展的中国数字经济服务质量满意度研究成果，北京数字经济服务质量消费者满意度位列全国第1名。

2.数字技术助力时尚产业高质量发展

近年来，由于北京大力疏解非首都功能，全市时尚企业发展遭遇瓶颈，低附加值生产环节以及纺织服装传统商贸批发环节逐步向京外转移，时尚产业生态环境受到一定程度的破坏。在此背景下，相关行业注重推进数字化转型，在产品研发、创意设计、供应链管理、营销与传播等关键环节推广应用数字技术，以期实现新旧动能转化和高质量发展。例如，北京时尚控股旗下企业铜牛集团组建了 3D 数字工作室，通过 3D 数字技术和研发设计，将制衣周期由 77 天缩短到 33 天左右。铜牛集团通过国内领先的人体三维数字化测量系统，精准获取人体三维数据，实现快速量体裁衣，为互联网定制服务提供技术支撑。铜牛集团研发的以航天员服饰为代表的智能体征衣，能够实现在不同生活、工作场景下的人体健康监测、安全监护。爱慕聚焦私域推进零售场景化、数字化、社交化，通过打造直面消费者的 AIMER 官方 APP、AIMER 官方商城小程序、AIMER 积分商城小程序、AIMER CLUB 会员俱乐部小程序等各类自有线上渠道，提升消费者体验。京工集团以云计算为核心打造的可视化云系统，采用公有云部署的方式，实现与用户直接通过现有互联网进行跨地域、多种终端方式的沟通。

3. 数字技术加速时尚发展与时尚消费场景创新

（1）受新型冠状病毒肺炎疫情影响，北京市利用数字技术开启了"云上时装周"等时尚展会新模式。例如，2020 年北京时装周在原有传统板块基础上，举办了云发布、云播间、云享会、云逛展等约 70 场线上活动，从线下到线上、从实体到虚拟、从社交媒体参与到消费者与品牌方的互动，全方位打开时尚传播的边界，缩短信息传递的链条，拉近品牌和消费者的距离。特别是北京冬奥会以人工智能、虚拟现实、5G、8K、裸眼 3D、数字媒体等一系列数字技术为支撑，呈现了一场美轮美奂的开幕式，向全世界传递了现代化中国对美、时尚及未来的理解。

（2）《北京培育建设国际消费中心城市实施方案（2021—2025 年）》明确提出要加快布局数字消费新基建、推广数字消费新场景，并于 2022 年实现市级重点商圈、市内重点景区等区域 5G 网络全覆盖，在朝阳区、海淀区建设信息消费示范区，在王府井、西单、国贸、三里屯等重点商圈试点建设智慧商店、智慧街区、智慧商圈，加大 AR 虚拟试穿、VR 虚拟购物等体验式消费场景应用。依托上述政策的实施，可以有效促进数字技术与时尚产业的深度融合，实现"全客群、全渠道、全品类、全时段、全体验、全数据、全链路"的营销新场景，培育形成数字时尚消费新生态，全面提升服务功能和消费体验。

4. 数字技术推动时尚产业发展平台改造升级

在打造全球数字经济标杆城市背景下，北京在全市范围各类产业园区开展数字化改造和智慧化试点，数字技术的推广应用为时尚设计、时尚创意、时尚传播等时尚类发展平台改造升级提供了重要支撑。

例如，北京城市副中心的张家湾设计小镇是未来北京设计之都、数字之都建设的重要平台。目前，设计小镇中老铜牛厂区依托数字化技术已改造成为北京未来设计园区。该园区集未来设计、共享办公、数字建造、交流展示等为一体，聚焦设计产业数字化、智能化发展，搭建了一系列智慧化、共享化的应用场景，北京建院未来设计院、易兰规划等机构在未来设计园区相继落地。

又如，首钢园紧紧抓住承办冬奥会比赛的历史性机遇，积极推广应用自动驾驶车辆、无人超市等数字智能设施设备，研究开发了虚实结合的沉浸式交互技术、基于人工智能的多模态的交互式直播系统、基于5G+8K技术的生态环保主题沉浸式大型直播体验中心，带来了一种全新的智慧化、数字化生活新体验，成为北京时尚打卡和旅游消费的新地标。

二、北京市时尚产业数字化发展存在的问题及原因

（一）存在的问题

参考相关研究成果，北京时尚产业仍处于数字化赋能的初级阶段，加之全市数字经济发展过程中的一些共性问题，数字技术与时尚产业融合发展依然存在一些不足。

1.时尚产业产能疏解减量，难以有效形成对引进和应用数字技术的大量需求

"十四五"期间，北京市将继续推动不符合首都功能定位的一般制造业企业动态调整退出以及区域性专业市场动态清零，这将进一步压缩全市服装生产制造及批发交易的空间，造成设计产业缺乏上游原材料供给及下游设计样品生产制造的配套。与此同时，各类文创园区经营成本不断攀升，导致创意设计、时尚传播等行业也面临着发展空间受限、人才流失、配套不完善等问题，部分行业关键环节也有向外转移的趋势。因此，时尚产业产能的疏解减量，导致其缺乏足够的市场容量和规模效应，也难以满足引进和应用数字技术的大量需求。

2.现有时尚产业发展场景、基础设施相对滞后，难以切实支撑先进数字技术的落地转化和推广应用

与国际消费中心城市建设要求相比，北京时尚产业面临着国际高端时尚资源集聚程度不够、迎合时尚需求的创新动力不足、提升时尚消费体验感的方法和场景相对不够丰富、产业数字化的公共服务缺口较大和基础投入不足等问题，这些问题将使先进数字技术在时尚产业重点领域和关键环节的落地转化和推广应用缺少足够的资源要素保障、多元场景利用及基础设施支撑，不利于数字技术与时尚产业的深度融合。

3.产业政策顶层设计精准聚焦不到位，难以及时解决融合发展过程中的政策缺失和监管盲区

随着数字技术与时尚产业融合的不断深入，旧有的要素资源配置方式以及产业政策体系难以支撑和匹配不断涌现的新业态、新模式。诸如在时尚企业数字化改造

升级、时尚产业新基建、数据产权归属及数据安全保护、平台经济和共享经济发展引导及监管等领域尚存在一定的政策缺失和监管盲区，需要在产业政策顶层设计上更加精准和聚焦。

（二）成因

1.时尚教育支撑不足

现有的人才培养体系、教材体系、课程体系的更新速度难以匹配技术革新和产业变革的速度，部分教学内容缺乏时效，人才培养模式还处于以课堂教育为主的层面，学生实习实训机会相对不够，造成学生的实践能力与行业、企业的需求有较大偏差。

2.时尚产业体系配套能力弱

随着一般制造业的疏解，北京市时尚产业体系配套能力弱，造成产业缺乏上游原材料供给及下游样品生产制造的配套，在一定程度上不利于相关科技创新成果的快速转化。时尚、科技、教育的融合会产生一系列新业态、新模式，但行业监管和要素资源配置仍然滞后，融合发展中面临行业界定不清、发展空间不足、人才引进困难、资金扶持不力等问题。

3.时尚生态系统不完善

北京时尚、科技、教育的融合发展主要体现在时尚设计、时尚活动、时尚消费等领域，在面向前沿技术的研发、新型基础设施的建设、产业链集群的打造、生态系统的构建、商业模式的创新等方面还未见明显的成效，跨领域、跨行业的融合发展还有待增强。

三、北京建设全球标杆数字城市下时尚产业发展的SWOT分析

（一）优势（S）

1.科技支撑优势

当前，数字科技与时尚产业的融合成效不断显现，衍生出丰富的应用场景、丰富的数据资源和极具成长性的价值空间。在时尚创意设计领域，人工智能技术的运用大幅提高了设计效率，人体大数据的运用实现了一人一码的设计定制，区块链技术的运用实现了设计版权的溯源保护。数字技术与时尚消费领域的融合，通过自然语言处理技术、人工智能视觉识别技术以及大数据分析模型技术对市场消费需求开展研究，从而指导企业针对"有效需求"进行产品开发；利用VR、AR等技术创造了全新的消费体验。此外，依托数字技术，可以构建跨区域、跨平台的多资源协同

发展态势，显著提升了产业链整体运营效率。北京是全球十大科技创新中心之一，聚集了全国80%的天使投资人和1/3的股权投资机构，北京强大的科技创新支撑能力是北京时尚产业发展的有力驱动。

2.市场规模优势

北京的市场规模优势，为时尚产业的发展提供了有力的支撑。北京市社会消费品零售总额，除2020年受新型冠状病毒肺炎疫情影响之外，各年均呈现增长的趋势（图7-3）。北京的经济社会发展水平和居民收入水平支撑着居民消费意识的不断升级和消费能力的不断增强，时尚消费已然成为大众化、普遍性的需求，时尚潮流、别具特色、彰显个性、绿色低碳的消费需求日益突出，孕育着逐步扩大的时尚消费市场规模。随着国际消费中心城市建设的深入推进，北京市消费品质将进一步提升，时尚商圈、新型消费场景等消费载体加快成熟，时尚消费产品和服务进一步提档升级，时尚品牌加速新生和崛起，时尚产业引领消费潮流和趋势的能力进一步增强，时尚消费市场的规模将进一步扩大。

图 7-3　北京市社会消费品零售总额

资料来源：北京市历年统计年鉴、统计公报。

3.时尚教育优势

北京时尚教育资源量质俱佳。北京市属高校——北京服装学院，是目前我国唯一一所公办的服装时尚类艺术院校，多次被全球知名商业杂志《经理人世界》（*CEO World*）、英国《时装商业评论》（*Business of Fashion*）等评为中国最好的时尚高校。北京服装学院高度重视教育、科技与产业的融合发展，累计有70余个国家、省部级获奖项目，拥有中关村服饰时尚设计产业创新园，并与诸多城市合作共建时尚产业园区，协助相关城市促进当地时尚产业转型升级。中央美术学院2017年成立了艺术与科技中心，致力于打造集教学、研究与创作为一体的跨学科、跨界域的新型教研及创新基地。自2017年开始，中央美术学院还定期举办科技艺术教育国际大会，邀请来自艺术领域和科技领域的精英，从国际视野和未来发展的角度，围绕对科技与艺术的多元思考，进行了深入的交流和沟通。

4. 政策环境优势

"十四五"时期，北京仍将立足"四个中心"的首都城市战略定位，更加突出创新发展、京津冀协同发展和绿色发展，加快建设国家服务业扩大开放综合示范区、自由贸易试验区、全球数字化标杆城市，并出台实施了以《关于加快培育壮大新业态新模式促进北京经济高质量发展的若干意见》《北京市加快新型基础设施建设行动方案（2020—2022年）》《北京市加快新场景建设培育数字经济新生态行动方案》《北京市实施新开放举措行动方案》等为代表的一系列新政策、新举措。这为数字经济和时尚产业融合发展指明了方向，营造了很好的政策环境。

（二）劣势（W）

1. 缺乏国际一流的服装服饰企业和知名品牌

北京服装产业经过多年的高速发展和优化升级，已经出现了一批规模较大的上市企业，以及在全国有一定知名度的服装服饰品牌。但是，目前产业总体规模还不够大，发展水平仍然不足，在某些方面还落后于国内的上海、深圳、广州、杭州等地，与国外的时尚大都市巴黎、纽约、伦敦、米兰相比，差距更加明显。其中比较突出的一点是，北京缺少世界级的服装服饰企业和世界级的服装服饰知名品牌。

2. 产业链配套尚未有效组建运行

北京发展服装产业优势在于人才、市场、品牌、文化和信息等，目前北京生产环节已经基本转移到周边的天津和河北地区，但产业链还没有构建形成高效、强大的产业生态，不同地区间的产业协作还不够深入。相比于长三角、珠三角地区，京津冀的纺织服装产业，缺少产业链上游的化纤生产、中游的印染环节，面辅料较大程度依赖外地采购和国外进口，而且总的产业体量不够大，在地区经济中占比较小，没有形成明显的产业集群形态，没有得到应有的重视。

3. 各类产业资源发展不足、开发应用不足

北京虽然拥有为数众多的专业院校和科研院所，服装产业人才资源丰富，但目前企业端的力量还不够强大，存在专业人才闲置、流失的现象，产业人才对服装服饰产业推动作用不明显。北京拥有丰厚的传统文化资源和现代生活时尚资源，但目前各类文化资源与服装服饰产业的结合还比较浅薄，没有充分转化成为被市场接受、认可并为之埋单的产业文化。北京作为中国首都、世界历史文化名城，在时尚方面的发展还没有达到应有的地位，在世界著名都市中的时尚排名还偏靠后。

据2021年12月第七届中国（深圳）国际时装节发布的全球时尚城市指数结果显示，排名前十的时尚城市依次为纽约、巴黎、伦敦、东京、深圳、米兰、上海、新加坡、北京、洛杉矶。无论在国际还是国内，北京的时尚发展还有进一步提升的空间。

（三）机遇（O）

1.数字技术与时尚设计的加速融合

"十四五"时期，随着5G、大数据、人工智能、AR、VR等技术的发展，数字技术与时尚设计领域的融合将成为时尚产业发展的新蓝海。一方面，数字化能够节省时间，降低成本，包括减少纺织材料浪费，降低对染料和用水的需求，减少由实体打样所产生的碳排放，促进时尚产业的可持续发展。另一方面，在时尚产业智能化进程中，数字技术对设计环节的渗透能够有效拓宽其应用场景，引导数字技术的价值转化，加强对数字时尚的有效治理。具体体现如下。

（1）时尚设计将开始主动拥抱数字化，以适应消费者的新型消费需求和优化供应链合作方式。一方面，传统制造生产周期长，一旦产品大批量出货市场发生变化时，需要立即通过商品评估进行风险预估；另一方面，时尚产品评估涉及供应链多个环节，可以通过数据可视化，为决策、合作提供参考。通过数字化工具进行消费洞察，预测销售趋势，快速响应市场需求，同时将供应链上下游紧密连接在一起，提高协作能力。

（2）时尚设计及相关服务配套将不断成熟，不断释放的数字技术领域的政策红利将有助于时尚产业创新发展的行业环境。例如，从"单点技术"到"多技术多场景"的应用，从"数字个体"到"平台服务"，从"弱人工智能"到"感知增强"，依托数字技术的时尚设计环节正在大踏步前进，设计是数字技术应用于时尚产业的最活跃环节。

（3）人工智能软件将会大大提高时尚设计效率。在时尚设计端，大数据技术支持时尚定制业态将更为成熟，区块链技术对于设计版权的溯源保护将得到更加广泛的推广应用，数字技术与时装设计的融合显示出巨大的前景。

2.北京科技创新中心建设的深入推进

科技创新中心是北京"四个中心"之一，北京一直致力于推动科技的进步和加速技术的产业化，积极构建"高精尖"产业结构，时尚产业要紧抓科技赋能产业升级的历史机遇，积极构建具有北京特色的时尚产业创新体系。要进一步发挥科技创新这一关键驱动力的作用，充分利用北京创新资源、科技人才、技术和资本等要素资源，加快布局时尚产业的重点实验室和创新平台，培育一批时尚产业新型研发机构，加快完善产学研合作创新体系，推动创新链、产业链精准对接，提升时尚产业自主创新能力。以市场需求为导向，加大新材料、新工艺、新技术、新装备的开发和运用，积极推进智能制造、绿色制造等关键共性技术及装备的研发与应用，推动时尚产业智能、绿色发展。积极培育时尚新主体、孕育时尚新力量，加快培育和孵化一批科技含量高、附加值高的时尚品牌，提升满足中高端时尚特色消费市场需求的能力，推动时尚产业向高端迭代。

3.北京建设全球数字经济标杆城市的重要契机

未来，数字经济将迎来更加广阔发展空间，北京建设全球数字经济标杆城市工作将进一步深化，为时尚产业发展提供重要契机。5G、大数据、云计算、人工智能、工业互联网等信息技术将与时尚产业进一步深入融合，推动北京市时尚产业在研发设计、生产制造、业务流程、商业模式等方面发生新的变化，数字技术的深度运用将构建时尚产业以数据为核心驱动要素的价值创造体系，提升时尚产业的消费者洞察能力、营销精准化程度、柔性供应能力、供给与消费需求的契合度，促进时尚产业提质、降本、增效、节能，更高质量发展。

在北京建设全球数字经济标杆城市的重要窗口期，推动数字技术与时尚产业的融合发展，使时尚产业和时尚生活有机结合，促进时尚创意园区、基地与社区的空间集聚，实现产业发展、城市更新与人的全面发展的齐头并进。

4.北京繁荣文化产业的历史机遇

北京是文化资源富集的国家历史文化名城，北京市深入推进全国文化中心建设，积极繁荣文化产业。在国家文化自信战略的指引下，"国风""非遗""京味儿"等传统文化与时尚产业加速融合，文化引领成为时尚产业品质提升的关键动力。北京时尚产业发展要紧抓文化繁荣的历史机遇，进一步挖掘好、利用好、发挥好深厚的历史文化资源，培育北京特色的时尚文化气质，营造北京特色的时尚文化消费氛围，提升北京时尚文化国际影响力。充分依托时尚教育和人才优势，加强时尚文化载体建设，建立健全新时代时尚文化体系。在数字技术赋能下，丰富北京这个历史文化名城的"内容产业"，有效优化城市品质，提升城市的文化品位和时尚气质，促进各类要素和资源的聚集，加速资本与产业的融合和发展，持续提升北京的文化吸引力和时尚影响力，为加快打造世界级时尚产业集群提供原动力。

（四）挑战（T）

1.时尚产业创意设计环节缺乏有效互动

经过新型冠状病毒肺炎疫情较长一段时间的影响，北京创意设计、文化传媒、时尚消费品零售等领域的中小企业的生存与发展面临挑战，消费者的消费动机及行为也会发生变化，这不利于全市时尚产业的发展壮大，也会在一定程度上制约数字技术在时尚产业中的推广应用。

2.数字经济治理不完善带来的不确定性

当前，我国数字经济治理还不完善，一些问题可能会对数字技术与时尚产业的融合发展带来不确定。例如，统一的数据开放和数据利用标准尚未建立，这可能给产业链上下游环节数据分享与利用带来不便，不利于供应链管理的数字化和智能化；全方位、多层次、立体化的数字经济监管体系还不完善，个人信息的非法盗取、过度使用会使消费者对时尚类电商平台的可靠性产生一定的质疑；数据的价值转化和释放机制有待完善，大量企业及相关机构的数据沉而未用或用而不精，使数字技术对时尚产业高质量、高效益发展的提升作用未能全面体现。

四、北京建设全球标杆数字城市下推进时尚产业发展的策略

（一）发展要求与目标

1.发展要求

"十四五"开局，我国经济社会面临百年变局与新型冠状病毒肺炎疫情的交叠考验，北京市统筹推进新型冠状病毒肺炎疫情防控和经济社会发展，包括时尚产业在内的各项发展实现了良好开局。2021年7月，北京锚定"国际"方向，采取系列重大战略举措，全面启动国际消费中心城市建设。"十四五"时期是北京建设国际消费中心城市的关键期和攻坚期，时尚产业的发展壮大成为首都国际时尚消费中心城市建设的重要抓手和支撑，提升时尚消费水平和能级是建设国际消费中心城市的内在要求和重要内容。

2.发展目标

"十四五"时期，要立足首都城市战略定位，紧紧抓住建设全球数字标杆城市和国际消费中心城市的战略机遇，以供给侧结构性改革为主线，以数字技术创新为引擎，促进数字技术与时尚产业深度融合，将数字时尚与新业态、新场景、新消费、新基建、新模式以及文化传承创新、城市更新等紧密结合，以前沿数字技术助推北京时尚产业高质量和可持续发展，打造北京时尚产业新名片，讲好北京城市发展新故事。推动时尚产业与城市文化相融合，实现时尚产业发展与城市更新相协调，激活、唤醒、赋能旧的城市空间、历史建筑、传统商圈，为城市发展注入时尚文化的新鲜血液，不断促进时尚产业的升级和时尚城市的建设。

（二）发展路径

1.着力构建数字时尚经济发展新格局

（1）以数字赋能提升产业运营效率和发展质量。大力推进时尚产业智能工厂、

智慧商城、智慧场馆建设，推进时尚企业在生产制造、客户服务、营销管理等方面的数字化进程。要充分整合重点企业数据、电商平台数据、细分行业数据，建立时尚产业大数据平台，充分发挥大数据在产业协同、政策指导、产业生态建设中的作用，以数据驱动产业高质量发展。要推进产业链、产业区域间的网络化发展，建设智慧化仓储、物流，充分发挥互联网、大数据、物联网对现代产业的发展支撑作用，推动京津冀时尚产业的协同发展、集聚发展。要充分运用移动互联网、数字传媒等数字技术，构建多元、立体、高效、覆盖面广、功能强大的时尚传播网络，提升时尚产业的传播力和影响力。

（2）充分利用数字技术，推进时尚文化的要素化、标准化开发。积极转变发展理念，要将时尚作为关键元素融入服装服饰、电子消费品、城市规划建设、文化传播、市场营销等领域。围绕内容创作、创意设计、时尚展演、时尚传播、消费体验等时尚领域关键环节，推动人工智能、大数据、VR等技术应用，培育新型时尚文化业态和时尚文化消费模式。依托设计之都及文化创意产业发展基础，借鉴国家文化大数据联盟及《国家文化大数据标准体系》（T/NCBD 1–2021）的做法，研究制定出台覆盖基础、监管、供给端、生产端、云端和需求端等环节的数字时尚数据体系，规范时尚大数据服务与监管模式，促进知识共享，降低研发成本，推动数字时尚经济健康、有序发展。

（3）依托制造业与现代服务业融合发展，促进时尚创意的快速转化与充分产业化。充分依托北京市先进制造业和现代服务业融合发展试点和全面推进北京市服务业扩大开放综合试点工作，以数据和技术为核心驱动，以体制机制改革创新为制度保障，推动时尚内容生产流程数字化、时尚创作主体专业化和时尚内容生产工业化，实现时尚创意的快速商品化、时尚传播的多渠道化和时尚消费的大众化，从而有效提升时尚经济的规模扩张和效益提升。

（4）围绕国际消费中心城市建设，构建时尚消费沉浸化、多元化场景体系。充分运用5G、AR和VR、物联网等新一代信息技术，结合全市首店经济、夜间经济等发展举措，以三里屯、蓝色港湾、国贸、望京等商圈为试点，打造数字化沉浸式时尚消费空间，促进时尚消费从"部分沉浸"向"到场体验"升级。抓住北京市服务业扩大开放综合试点，大力发展跨境时尚文化贸易，搭建时尚文化贸易公共服务平台。加快推动跨境电子商务综合试验区发展，高水平打造跨境电商示范体验店，研究完善市内免税店税收政策。

（5）对标全国文化中心和国际交往中心建设要求，强化时尚文化的价值化引领。全国文化中心和国际交往中心是北京"四个中心"功能定位的重要组成部分，是国家赋予北京的重大政治任务，需要北京市持之以恒地推进建设。在推动时尚、科技、教育的融合发展，构建数字时尚经济发展新格局过程中，要积极对标全国文化中心和国际交往中心建设要求。要通过教育传承和科技赋能，做好中国传统文化符号的时尚化再造，并通过 VR 植入场景、高清实时直播、社交媒体传播等方式，真正"讲好北京故事、发出中国声音"；要切实办好北京国际电影节、北京国际设计周、北京国际音乐节等时尚品牌文化活动，助推国际时尚文化交流；要加强时尚教育国际交流合作，推动更多优质时尚教育资源、中高端时尚人才在京集聚。

2.深化时尚、科技、教育融合发展

（1）加快推进时尚科技的基础研究、创意转化和商业应用协同发展进程。一方面，建立北京市相关单位与在京高校、科研院所的深层次对接机制，加强相关领域的基础科学研究，加快时尚产业基础数据库及有关创意设计、柔性制造、供应链管理、市场营销等数字化服务平台建设。另一方面，进一步完善产学研用相结合、跨界融合、协同发展、开放合作的科技创新体系，在新材料的研发转化、常规面辅料绿色环保、专业领域功能化要求、特殊人群差别化需求等领域加强创意转化。此外，依托新一代信息技术及初创型企业，推动相关科技创新成果和前沿创意设计加快商业应用进程。

（2）以"时尚IP+""时尚内容+""时尚数据+"促进时尚、科技、教育深度融合。一是以"时尚IP+"为核心，拓展知识产权、投融资领域合作。研究将时尚文化资源进行数据化提取和原创性设计等开发后形成全新的知识产权包，推动IP周边的衍生授权、空间场景授权、品牌合作推广等不同形式的知识产权转让、合作，创造"时尚IP+文旅""时尚IP+商圈""时尚IP+实体商品"等合作模式。在此基础上，探索知识产权证券化，积极推动知识产权质押贷款新模式，鼓励多方资源更多投向时尚科技研发及商业应用，促进创新链、产业链、资金链深度融合。二是以"时尚内容+"为纽带，通过社交媒体、内容电商、线下体验等载体，积极推广时尚价值理念和时尚生活方式，促进时尚经济从关注流量的内容营销到关注实际效益的销售转化。三是以"时尚数据+"为特色，拓展时尚、科技、教育融合发展新领域。要推动企业、高校、科研院所、消费者等多个主体之间资源信息的共享，培育规范的时尚数据交易平台和市场主体，发展时尚数据资产评估、登记结算、交易撮合、争议仲裁等市场运营体系。

（3）依托京津冀协同发展，构建时尚科技、时尚产业及时尚教育的跨区域协作体系。以北京为主体，建设京津冀时尚科技创新中心、时尚高等教育中心和时尚国际交流展示中心，引领带动京津冀时尚产业协同发展。北京与天津、河北加强时尚产业相关园区、教学实训基地等合作，培养一批高素质的时尚技能人才，并逐步完善北京市配套的跨区域时尚轻工制造产业链集群。河北省依托白沟大红门国际服装城、东贸国际服装城、永清云裳小镇、沧州东塑明珠商贸城、衡水纺织服装产业园、石家庄乐城国际贸易城等平台，有序承接京津服装产业转移，成为京津冀时尚

产业的物流集散中心和商贸批发基地。

3.推动时尚产业高端化、民族化、国际化发展

（1）高端化发展。聚焦时尚产业提质升级，着重发展科技研发、创意设计、品牌营运、高端市场等价值链高端环节。推进时尚品牌建设，培育和引进具有国际影响力的时尚企业和品牌，吸引和支持全国有影响力的时尚企业在北京设立总部中心，支持引导在京创新型总部企业发展。进一步优化升级北京相关商业区的发展形态，通过时尚化、智慧化，赋能重点商圈、商业街、商城等发展，促进其向高品质、综合化发展，突出文化特征与北京的地方特色。引导北京周边的生产企业，走品质化、品牌化的高端发展路线，适应首都市场的战略定位，与北京的时尚产业形成配套，一体化升级发展。以建设世界时尚大都市的发展定位来推进产业发展，要把北京建设成为最具中国特色的时尚都市，成为全国流行时尚的风向标杆和文化策源地。全面推进时尚人才建设，培养世界级服装设计大师和品牌运营人才，建设世界一流的服装服饰院校和学科，加强吸收引进国际产业高端人才。要着力推进张家湾设计小镇、798艺术区等时尚园区建设，提升园区的时尚环境，吸引更多时尚创意机构入驻发展。要大力推进市容市貌的时尚化建设，营造开放、时尚的生产、生活环境，形成热爱时尚、拥抱时尚的市民文化。要办好中国国际时装周等赛事活动，通过举办更高频、更大影响力的产业活动，提升我国时尚产业在世界上的影响力。

（2）民族化发展。北京是中华人民共和国的首都，是代表东方文明的大都市，北京推进"文化中心"建设，时尚产业要发挥重大的承载作用。北京时尚产业要利用好北京底蕴深厚的传统文化资源，促进传统与现代相结合，促使历史文脉与时尚创意相得益彰，掘取深厚广大的民族文化转化成为能流行于市场的产业文化。要保护和利用好北京辉煌灿烂的传统建筑、工业遗迹。积极发掘利用戏曲、书画等各类非物质文化遗产的文化养分。要重点发展好北京的老字号服装服饰企业，传承和宣扬其所具有的特殊产业文化和企业精神，激发其在市场中的活力。发挥首都凝聚荟萃、辐射带动、创新引领、传播交流和服务保障功能，在全国时尚产业中形成民族化发展的带头示范作用，为各地时尚产业与民族文化的融合发展提供支持和服务。

（3）国际化发展。紧抓北京国际交往中心建设的契机，发挥好全国时尚产业重大活动舞台的功能，持续优化时尚产业国际交往服务的软硬件环境，不断拓展对外交流的广度和深度，充分发挥向世界展示我国时尚产业文化的窗口作用，努力打造国际交往活跃、国际化服务完善、国际影响力凸显的时尚产业重大国际活动聚集之都。积极扶持时尚企业走出去，开拓国际市场，提升自有品牌的国际竞争力。要支持建立各类时尚预测、时尚评论机构，周期性发布流行趋势的权威预测，打造时尚信息发布中心，引领国际时尚发展潮流。要规划建设好王府井、西单、SKP、三里屯等时尚商场，提升798艺术区、张家湾设计小镇北京未来设计园区、首钢园、隆

福文化中心、京工时尚创新园等设计创意园区的软硬件建设，为建设世界品牌、开展世界级产业活动提供支撑。

（三）要素保障

1.强化时尚产业发展的空间保障

积极推动全市现有文创产业园区、大红门地区、通州区台湖镇等文化创意产业空间的改造升级，利用闲置楼宇、废旧厂房改造、众创空间等载体有效拓展时尚、科技、教育融合发展的物理空间。可以借鉴清华大学提出的DIBO（Design 设计、Investment 投资、Building 建造、Operation 运营）模式切入地方遗产（城市空间）改造与更新，以空间生产激活数字时尚经济业态。在此基础上，要结合数字时尚经济发展的需求，强化时尚新基建能力建设，提升相关空间的"到场"体验，成为时尚产业线上线下融合发展的重要平台。此外，要综合运用大数据、人工智能、物联网等技术，将时尚元素、时尚生活方式等融入文化活动、国际交流活动、重点商圈建设、社区改造、公共开敞空间设计等领域，形成一批无形、有形相结合的城市时尚文化资产。

2.加强时尚行业人才教育和培训

推动时尚教育产教融合和创新发展，支持北京市有条件的时尚类院校进行教学资源数字化开发设计与线上共享，更新教学素材，引入数字时尚、时尚设计、时尚营销等内容，利用信息网络促进课程资源跨地区共享，为时尚从业者及时尚学子搭建多样化、选择性的共享教育平台。支持在北京及周边地区设立一批校外实训基地，依托高校名师、科研院所顶级专家、企业导师等方式进行一对多的培训，政府层面对参与校外实训基地建设的相关企业、高等院校、科研院所等予以适当的财政补贴。

3.深化时尚产业发展的体制机制创新

充分依托北京"四个中心"功能建设、国际消费中心城市建设，积极融入北京"两区"改革创新发展大局，在科技成果转化、京津冀产业协同开放、拓宽融资渠道、时尚文化贸易、数字时尚产业平台建设、扩大时尚消费供给、时尚高端人才引进、时尚国际教育合作等方面积极争取先行先试政策。在政府、行业、园区、关联企业之间形成多方参与的联动机制，培育一批高附加值、高成长性、低碳环保的新业态，形成良性的产业循环发展机制，形成多区联动、互补共赢的时尚消费格局。

4.营造时尚、科技、教育融合发展良好氛围

通过举办各种大型、免费的时尚活动、展会和培训，让更多的人能够接触时尚新科技、时尚新产品和时尚新生活方式，提升全体市民整体的时尚素养，为时尚、科技、教育的融合发展夯实群众基础。各时尚类高校要将时尚文化的丰富内涵和审美价值融入日常教学和大众科普过程中，为三者的融合发展奠定良好的人文基础。

持续优化营商环境，对时尚、科技、教育融合发展形成的新产业、新业态、新模式探索审慎监管方式，深入推进数字时尚经济准入"放管服"改革。加大对中小微时尚类初创企业的财政金融支持力度，吸引社会资本参与时尚消费领域新基建项目建设，引导金融机构提供更多符合三者融合发展方向、贴近大众时尚消费需求的信贷产品和服务。

5.加大对时尚产业数字化政策的精准扶持

统筹多领域财政专项资金，加大对重点企业数字化转型和重大数字时尚项目的支持力度，对各类数字时尚公共服务平台按照项目投资的一定比例予以资金扶持；允许中小微创意设计、文化创意、服装服饰企业在数字化方面的投入在企业所得税前加计扣除；对数字化项目投资形成的固定资产和无形资产允许按照相关规定一次性计入成本费用税前扣除或者加速折旧摊销。引进和培育国际化、复合型商业运营、供应链数字管理、数字时尚设计、时尚消费服务等领域专业人才，加大对时尚产业高端人才和时尚数字化高精尖人才的扶持力度。

6.强化数字经济综合治理

依托全市数字经济市场监管体系，对标数字技术的风险防控要求，围绕构建自主可控的时尚创新生态，完善平台企业垄断认定、数据分级分类收集使用管理、消费者权益保护等方面的监管措施，有效提升时尚数据安全保障能力。加大数字时尚技术专利、数字时尚版权、数字时尚内容产品、个人隐私等领域内的保护力度，积极参与全球数字时尚治理及相关标准制定。

（陈文晖　北京服装学院时尚研究院

王婧倩　北京服装学院时尚研究院）

参考文献

[1] 曹政.2030年北京将建成全球数字经济标杆城市[N].北京城市副中心报，2021-08-03.

[2] 李萍，庄宇辉.北京加快建设数字经济标杆城市[N].深圳特区报.2022-07-27.

[3] 陈文晖，刘传岩.北京时尚产业发展及未来展望[J].科技智囊，2022（8）：4-11.

[4] 贠天祥.时尚化升级[J].中国服饰，2020（4）：50-53.

[5] 陈文晖，王婧倩.数字化赋能时尚产业转型升级研究[J].价格理论与实践，2022（3）：38-41，105.

[6] 苏珍珍.服装：牢抓创新驱动　建设服装强国[J].中国纺织，2016（1）：47.

[7] 马胜杰.科技革命背景下中国时尚教育发展的思考[J].艺术设计研究，2019（4）：5-8.

[8] 刘杰.国内先进城市数字社会建设的做法经验及其对广州的启示[J].探求，2022（5）：113-120.

第八章　上海：探讨时尚消费数字化转型

随着大数据、云计算、人工智能等新一代信息技术的快速发展，各行各业都在拥抱数字技术，加速产业数字化转型，数字经济已经成为驱动中国经济高质量发展的重要引擎。党的二十大站在统筹世界百年未有之大变局与中华民族伟大复兴的全局高度，加快了对数字中国建设的重要部署。面对日新月异的数字化变革，时尚产业也正加快品牌、设计、制造、零售等各个环节的数字化转型，数字科技正在赋予时尚产业新的发展空间，孕育着时尚创新和巨大变革。在数字化浪潮下，虚拟时装秀、数字时装周等被广泛应用，时尚消费正逐步加快数字化转型的步伐，众多时尚品牌开始搭建虚拟消费场景，进行数字消费营销，以触达时尚消费强劲的年轻消费者。上海作为中国的经济与商业中心，时尚品牌、时尚活动、时尚文化、时尚消费市场等都位居全国前列，国际消费中心城市的建设更是为其时尚消费插上腾飞的翅膀，因此本文以上海为研究范本，探讨数字化对时尚消费发展带来的影响，分析数字时尚消费发展的新特征、新趋势，提出数字经济快速发展背景下时尚消费的发展路径，以期对促进时尚发展提供一定启示。

一、数字化对时尚消费的发展带来革命性变革

时尚是社会发展的"镜子"，时尚消费深刻地反映着当下的发展背景和未来的发展趋势。随着大数据、云计算、人工智能、物联网、区块链等新兴技术的不断进步，数字化的发展降低了经济社会的信息不对称性，有效提升了供给方与需求方之间的适配程度。新型冠状病毒肺炎疫情的全球大流行也在一定程度上改变了消费者的消费习惯，线上消费逐渐成为越来越多人的选择，这就形成了全新的竞争格局，要求品牌设计师、制造商、零售商改变发展策略，将数字化的理念与思维融入未来的产品中，迎合消费者的改变。总之，数字技术带来生活方式的变革将对时尚消费的发展带来革命性变革，推动全新的时尚消费内容与形态诞生。

（一）时尚设计的数字化，使设计更具创意和审美

时尚设计的数字化变革，使消费者的时尚表达能得以快速传播，数字技术对公

众信息的快速分析和响应能力为时尚设计师迅速捕捉人们对时尚产品的不同情感和精神需求提供了可能，也使人工智能在汲取人类过去灵感的基础上有可能参与时尚设计，从而让时尚设计与表达更具多元化，满足更多的时尚个性需求。首先，数字技术的快速发展能创造出更多智能设计工具，为设计师解决过去耗时耗力的复杂工序，节省设计时间并提升设计效率，让设计师有更多的时间提升创意和审美，也使消费者个性化的需求更可能被设计师采纳，为消费者提供更多的选择。其次，时尚是人们情感的宣泄与情绪的表达，数字技术的广泛应用不仅让时尚设计更好地表达消费者的情感体验、精神追求，也能体现并满足消费者的真实兴趣、个性需求和差异化的需求。最后，以传统的服装设计为例，服装的设计研发一般是企业在对流行趋势的研判下，根据其目标客户群体的偏好、企业的文化品牌以及已有的设计模式所开发设计的系列化、标准化、批量化产品，由企业设计师设计主导，单向输出给消费者。然而在数字技术日新月异的今天，发达的社会化网络环境让众多的时尚者能通过更多的渠道、方式与企业设计师更加充分地沟通，在时尚产品的开发设计中更好地表达自己的思想与观念，将传统的服装设计权与创造力赋予时尚参与者，使设计更具创意和审美。

（二）时尚营销的数字化，增强了消费者的全新体验

面对新一代的时尚消费受众，数字化不仅改变着时尚设计，以高速发展的数字技术为支撑，时尚产业品牌的营销思维也要随着消费者需求的改变悄然发生变化。在数字化时代，时尚消费产品营销加速线上布局和数字创新，以新的数字化营销手段不断增强品牌方与消费者的沟通，营销重点由产品宣传逐步向价值输出转变，以加强品牌故事、品牌理念与品牌文化的讲述创造客户的增值体验，更加注重提升消费者体验，将品牌形象深入人心，增强消费者的忠诚度。根据鲍德里亚发表的《消费社会》一文中的观点："消费者在消费中并非消费物品本身，更多的是消费物品本身所具有的'符号和象征意义'"，这种消费品牌的"符号和象征意义"在虚拟商品中更加明显。

当前，数字技术的快速发展使得时尚品牌方与消费者的沟通更加互动化、多元化与社群化，短视频、直播等交互的形式能更好地增强消费者体验。线上发布会、虚拟试穿、流媒体时尚电影等多元化、多种类的手段，为消费者提供了以往线上消费难以比拟的购物体验。数字化技术能通过图像识别、声纹识别、人脸识别等智能技术与消费者形成信息的双向互动交流，在提升消费者购物趣味的同时更加精准地识别用户需求，提供更有针对性的营销方案，激发消费者的兴趣与购买欲。数字化技术还能通过 AR、VR 技术将虚拟场景与现实世界叠加，增强时尚消费的见、听、触体验，营造更有氛围的身临其境效果，给消费者带来沉浸式、娱乐性的体验。

（三）时尚产品供给的数字化，提供更个性化的消费品

数字化裹挟着各种时尚消费品牌向前发展，线上购物、无感支付、在线体验等数字化消费场景不仅潜移默化地改变着我们的生活方式，也加速推进时尚产品商业模式的变革。目前，时尚业正积极拥抱数字技术，大数据、云计算、物联网、人工智能等技术已经逐步渗透到研发、制造、营销和售后服务等产业链的各个环节，数据在全产业链中流通，沉淀的数据资产正加速其成为以数字技术为主导的产业。Bertola（2018）在研究中指出时尚产业的4.0生态框架是以智能工厂、智能产品和智能网络为内核，以双向设计、分散化、模块化、虚拟化、面向服务与实时功能为主要创新原则，以加速数字化业务流程为途径，提升生产的高效性，提高产品的丰富性，从而获取更高的利润率。时尚产业数字化的发展使个性化、定制化的产品生产成本更低廉，多元化的产品更能迎合消费者的偏好。

（四）时尚产品消费数字化，推动时尚消费不断升级

数字科技的发展正将我们带入以数字化为核心的新时代，数字时尚正以前所未有的速度引领着消费的变革，催生着时尚发展的新机遇。立足时尚消费的数字化转型，把数字时尚与新消费紧密结合，推动时尚消费持续升级，焕新时尚消费新局面。首先，数字化带来更多元化、社交化的时尚消费场景。5G、移动支付、VR、AR等技术逐步向直播带货、商超等新兴消费场景应用，传统线下消费场景也积极拥抱新技术推出更加新颖多样的活动，在数字化发展中重塑对消费者的吸引力。新零售带来的数字化消费场景不仅有效提升了时尚消费的便利化、高效化、有趣化体验，而且重构了从前端生产到终端销售的商业模式，衍生出以销定产、柔性定制等新形式，实现了消费者牵引生产者的个性化定制，拓展了消费者购物的新渠道。其次，数字化提升了时尚消费的精准触达。数字化发展能快速、全面、精准地收集消费者线上购物留下的检索、关注、浏览信息，通过分析消费者的行为信息获取其消费习惯、偏好、期望等信息，解决商家信息不全面、不准确的难题，深度挖掘消费者的消费需求，从而生产更多满足消费需求的商品，提供更多贴心的个性化服务。最后，数字化催生的虚拟时尚带来时尚消费的革命性突破。虚拟时尚是数字化转型与发展带来的时尚新产物，主要是通过数字技术设计出存在于虚拟世界的服饰、配饰等时尚产品，用于满足消费者在虚拟环境的自我表达，追求时尚消费的品位、身份象征等，放大时尚社交的属性，带来时尚消费的革命性突破。

二、数字时尚消费发展的新特征、新趋势

随着数字经济的发展，数据从"为我所有"到"为我所用"，产业从"粗放型

生长"到"可持续发展"，模式从"流量为王"到"私域崛起"，以网络购物、直播带货为代表的数字消费新业态、新模式越来越成为大众喜爱的消费方式，随着 VR 和 AR 技术在时尚产业的应用，数字时尚消费更具前瞻性和创意性，呈现出新特征、新趋势。

（一）数字时尚消费的趣味性

兴趣和爱好是人们消费的前提，时尚消费只有引起消费者兴趣才能达成最终购买。数字经济时代，数字技术将虚拟场景引入时尚消费场景，以更真实的感受刺激人们的感官，带给消费者沉浸式的体验，在满足消费者好奇心的同时激发其对产品的购买兴趣，即在满足消费者趣味性的过程中完成时尚消费。例如，Gucci 推出了应用 AR 技术的客户端 APP，使用户在手机端能以虚拟的方式对服饰、帽子、运动鞋、腕表、眼镜等产品进行云试穿、云试戴，并可以让消费者将云试穿试戴的虚拟画面保存下来，既能满足消费者的自我需求，还能将这些画面发布到社交平台分享，提振消费者的购买欲。LVMH 集团下属的男装品牌 Berluti 不仅在京东商城开启了旗舰店，还借助京东的 AR 技术实现了在线智能穿戴，只要消费者拿着手机对准自己的脚部，就能看到鞋履上脚的效果，并可以按 3D 按键 360°观看鞋的各个角度，观察各个细节。丝芙兰则依托美图秀秀的技术，以 AR 与图像语义分割为技术手段打造虚拟试妆魔镜，通过摄像头识别消费者的面部使妆容与其面部高度贴合，让时尚消费者不需要实物就能体验良好的试妆效果。AR 技术在时尚消费场景的应用不仅能以视觉的延伸感和身临其境的现场感激发消费者的好奇心，还能在虚拟和现实之间形成趣味交互，刺激消费者的购买欲望，更好地满足消费者需求。

（二）数字时尚消费的创新性与表现性

数字技术的快速发展不仅为经济发展提供了新动能，也催生了更加多元的生活方式，对传统的时尚消费品类与创意形成挑战，为聚焦人类想象力的数字时尚带来新的机遇。数字时尚能依托交互性的技术将时尚设计者与消费者更紧密地连接在一起，充分调动起双方的主观能动性与创造力。例如，虚拟服装是数字技术打造的超现实存在，可以让服装设计师发挥更天马行空的想象力，呈现出现实世界无法达到的服装面料质感、绚丽斑斓的色彩以及活泼灵动的视觉效果。此外，数字时尚较传统时尚具有更强的社交属性，人们在接受 VR、AR 等技术带来的新体验的过程中也开拓出表达自己的新途径，体现着时尚消费尝试新思想、新文化、新生命的特征。

（三）数字时尚消费方式由"购买"转向"订阅"

数字技术与时尚产业的融合使得时尚消费从实物形式转变为虚拟数字模式，即数字服饰、鞋履、配饰等不以实物形式呈现，而是将数据和想象力结合在一起形成的虚拟物品，这种时尚消费，更像是一种订阅行为，如同订阅电子杂志一样，可以阅读但并没有得到实物。Dress-X公司在2021年初就提出了循环衣柜的概念，旨在让时尚消费者转变过去时尚消费品的购买行为，逐步建立订阅数字服饰的消费习惯，以数字服饰这一虚拟形态来满足追求时尚的欲望，而不是买过实物之后将其长期存放在衣柜之中。数字时尚由"购买"向"订阅"的转变不仅能满足消费者追求时尚的欲望，还能引导消费者减少物质消费。

（四）数字时尚消费强化可持续性

随着数字化风潮席卷全球，时尚行业更加积极地拥抱数字化，以适应不断变化的新型消费习惯和供应链合作方式。现阶段，时尚消费品的更新迭代时间更短，商家对"库存率"和"周转率"也越加敏感，推出的新品如果市场反响不好，不仅会造成库存积压、业务亏损，还会带来环境污染问题。时尚消费尤其快时尚产品的使用周期比较短，当流行风尚过去后会很快沦为丢弃品。地球资源的持续减少造成时尚消费品的原材料成本不断上涨，产品跨越国家运输也造成了大量的碳排放，"碳达峰、碳中和"目标更是让大量时尚品牌厂商倍感焦虑。而时尚消费的数字化能较好地解决上述问题，在强化时尚消费的可持续性方面优势更明显。时尚企业能有效依托数字技术实现人、机、货之间的高效信息交互，实现更加精准地对生产过程的控制，提升生产过程的能源使用效率，降低能耗和碳排放。此外，虚拟化时尚消费品是虚拟的、非物质的存在，因为不需要制造所以也没有原材料耗费，对能源的消耗也远远低于传统时尚消费品，对资源环境影响较小，有利于强化时尚消费，强化可持续性。

三、上海时尚消费数字化转型的优势与挑战

上海自改革开放以来就是全国经济最发达、科技创新最活跃、居民人均收入水平居于国内一流的现代化国际大都市。随着一系列支持时尚产业发展的政策实施，上海正逐渐向万商云集的消费供给、独树一帜的首发经济、丰富创新的消费形式、影响非凡的消费商圈、近悦远来的消费环境等方向迈进，打造引领国际时尚消费潮流的世界消费中心。在数字化发展的大潮下，上海作为建设国际时尚中心的重要城市，时尚消费积极拥抱数字化转型，率先探索时尚消费数字化转型的发展路径虽然具有天然优势，但也面临着众多困难和挑战。

（一）上海时尚消费数字化转型的优势

上海市是中国经济发展水平较高的特大城市，拥有全国最大的消费市场，积极建设全球新零售的"策源地"和"竞技场"，引领世界时尚潮流发展，这为时尚产业发展提供了得天独厚的发展优势，也为上海率先探索时尚消费数字化转型提供了基础。

1.优越的地理区位

上海的区位在对内、对外交往上都具备优势。上海地处长江入海口，位于中国东南沿海的中心地带，背靠江苏、浙江等经济腹地，是长三角地区的"龙头"。作为太平洋西岸的中心城市，上海拥有中国最大的出口贸易港，与东京、首尔等周边重要城市联系紧密，交通四通八达，物流畅通，贸易便利，影响力和辐射力广泛，全球自贸港的建设更是为上海提供了重要的发展机遇。此外，上海处于北纬31°，四季分明，具有独特的信息、商流、流行、贸易、配送的地理优势，是国际会展、时装发布流行信息交汇点，有利于国际会展、时装发布会等时尚活动的举办（表8-1）。

表8-1 国际时尚之都的维度分布

城市	巴黎	伦敦	米兰	纽约	东京	上海
北纬维度	48	51	45	40	35	31

资料来源：百度地图。

2.庞大的消费市场

尽管受新型冠状病毒肺炎疫情冲击、中美贸易摩擦、国际政局不太稳定等灰犀牛事件影响，消费依然是上海城市经济持续繁荣的"稳定器"和"压舱石"。从社会消费品零售总额的角度看，上海社会消费品零售总额呈现持续增长态势。2015年，上海市社会消费品零售总额为11605.7亿元，首次突破万亿大关，成为国内市场规模最先迈入万亿级的城市之一。2017年，社会消费品零售总额达到13699.52亿元，成为国内市场规模最大的城市，2019年这一数值达到15847.55亿元，连续3年蝉联国内消费规模榜首。2020年，尽管受到新型冠状病毒肺炎疫情的影响，上海的社会消费品零售总额在5月份就开始转向正向增长，并且呈现一路上扬的趋势，同比增速为0.5%，高出全国4.4个百分点，规模稳居全国城市首位，2022年上海市社会消费品零售总额突破1.81万亿元（图8-1）。从社会消费品零售种类角度看，2022年上海社会消费品零售种类丰富、结构合理。鞋帽纺织类占社会消费品零售总额的23.5%，汽车类占社会消费品零售总额的27.8%，粮油食品类占社会消费品零售总额的11.5%，化妆品类占社会消费品零售总额的9.3%。消费对经济增长的贡献逐步提升，消费市场空间巨大。

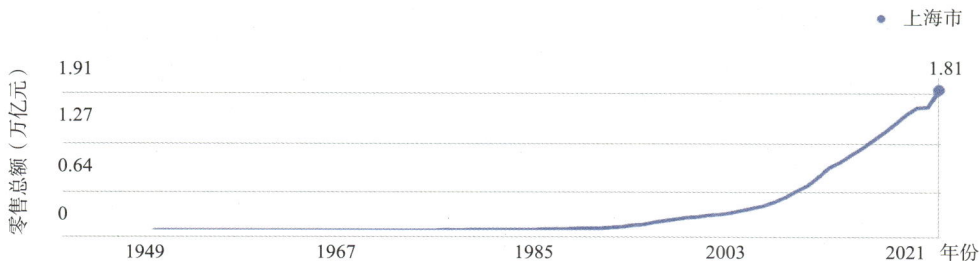

图 8-1　1949—2021 年上海社会消费品零售总额

资料来源：上海市统计局。

3.雄厚的时尚消费品产业基础

上海从近代开始就开启了时尚发展之路，海派旗袍、万国建筑、雪花膏等引领着那个时代中国的时尚潮流，也在全国人民的心中留下了"上海时尚"的标签。改革开放以后，上海以发展、包容、开放的姿态在经济增长、国际化程度等方面走在了全国前列，这为上海延续时尚传统、发展时尚产业带来了得天独厚的资源。近几年，上海市政府对发展格外重视，给予其发展所需的各种要素，在上海市政府的大力支持下，上海时尚产业的发展取得了惊人的成绩。从 2004 年至 2022 年，上海时尚消费品产业规模产值从 493 亿元增加到 4335.86 亿元，从占上海 GDP 比重的 5.8%提高到 10.08%，其中制造业产业规模为 3514.01 亿元，占时尚消费品产业总产业规模的 81%，同比增速高达 9.7%。2021 年，上海市积极组织美妆护肤、珠宝首饰、文创产品、时尚家居等领域的上海时尚消费品企业抱团出海，持续开展市级品牌引领示范企业创建工作，"东方美谷"更成为上海日化美妆代表中国走向世界的桥头堡，劲霸男装、Lily 丽丽、美特斯邦威等知名本土服饰品牌也是上海培育并走向全国的（图 8-2）。

4.数字经济集聚

上海自改革开放后就是中国经济的领头羊，进入新发展阶段后更是着力推进数字化发展，率先建成全国"双千兆第一城"，智慧城市的推进也使得数据资源的利用效率明显提升，累计对外开放的数据集 4000 多项，虚拟数字人、全息成像、裸眼 3D、图形引擎、人工智能等关键体系逐步建成，数字经济已领先全国水平蓬勃发展。2022 年，上海市发布《上海市数字经济发展"十四五"规划》，在现有数字产业基础上围绕数字新产业、数字新要素、数字新基建、智能新终端等领域，不断加强数据、技术、企业的联系，鼓励打造具有沉浸体验、智能交互的云展会、云演出、云赛事等多种应用场景，支持龙头企业探索 NFT 交易平台建设，推动数字 IP 全球化流通，研究数据资产化先行先试。

5.优良的政策环境

上海市政府对文化创意产业、美丽健康产业等时尚产业高度重视，认为时尚产

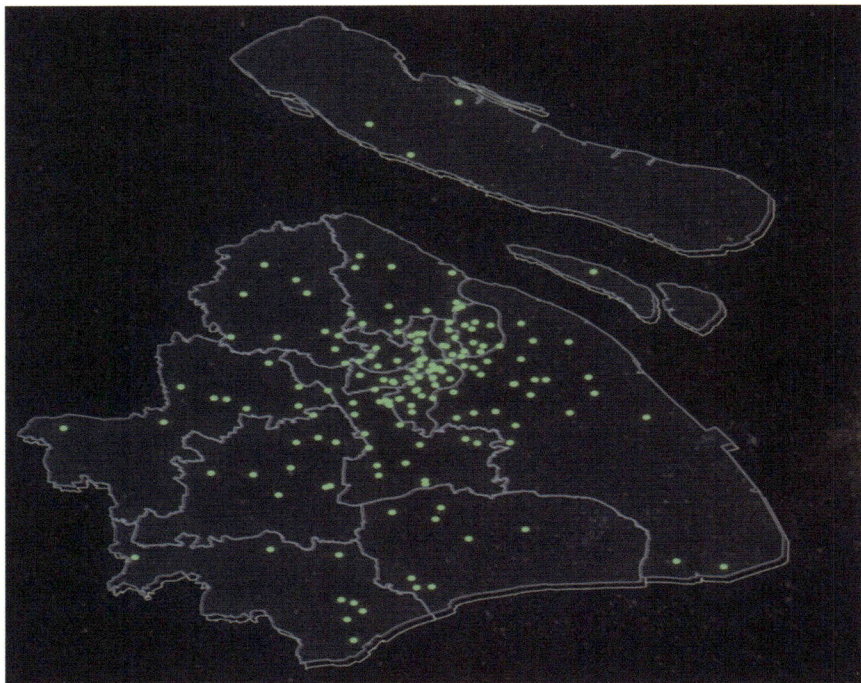

图 8-2　2022 年上海时尚消费品行业分布图

资料来源：上海市经济与信息化委员会。

业是提升城市吸引力、竞争力、影响力和软实力的核心要素，是塑造城市品牌、培育城市创造力的重要途径。2017 年 9 月 14 日，上海市人民政府印发《关于推进上海美丽健康产业发展的若干意见》，强调今后要大力发展美丽健康产业，优化美丽健康产业市场的供给，提升人民群众生活品质，为更好地推进国际"设计之都、时尚之都、品牌之都"做好充分准备。2017 年 12 月 14 日，上海印发《关于加快本市文化创意产业创新发展的若干意见》，坚持文化强市，为文化创意产业、时尚产业的发展提供良好的政策发展环境。2021 年，上海市发布的《上海市国民经济和社会发展第十四个五年规划和二〇三五年远景目标纲要》，首次将时尚消费产业列入"3+6"产业体系，2022 年 7 月发布《上海市时尚消费品产业发展三年行动计划》，给时尚消费品产业规划了明确的产业发展路径、重点和政策举措，设置 2025 年时尚消费品工业总产值达到 3600 亿元的目标。

（二）上海时尚消费数字化转型的挑战

上海率先探索时尚消费数字化转型所具备的优势非常突出，但仍存在一些短板需要进一步提升。第一，本土时尚消费品牌竞争力不强，时尚消费引领能力有限；第二，自主创新能力不足，时尚品牌发展受限；第三，高端人才缺乏，难以准确把握国际时尚潮流动向；第四，时尚产业链条短，时尚消费与数字化融合程度不高。

1.本土时尚消费品牌竞争力不强，时尚消费引领能力有限

时尚潮流，潮起潮落，但纵观整个世界，法国、意大利、丹麦、美国、英国等欧美国家依然引领着全球时尚的潮流，香奈儿、迪奥、路易威登、古驰、范思哲等品牌仍然是最具竞争力的时尚品牌。过去十年间，日本的优衣库、美国的GAP、西班牙的ZARA、英国的New Look等时尚品牌不仅遍布北京、上海、广州、深圳等大城市，还逐步下探到二三线城市，以独特的品牌文化和产品定位满足消费者的需求。随着国内时尚产业的不断发展，本土时尚品牌对新创意不懈追求，将国潮文化融入时尚产品中，在国际市场的地位和认知度也在逐渐提高，整体呈现发展态势良好的局面。由于本土时尚消费品牌大多处于转型升级阶段，产业链不够完善，运营模式也不够成熟，国际竞争力和国际化经营能力不强，被全球消费者认可的高端奢侈品品牌完全没有，对时尚消费引领能力还十分有限。

2.自主创新能力不足，时尚品牌发展受限

自主创新能力是时尚产业发展的核心竞争力，国际知名的时尚品牌都有各自不同的特色。Chanel以时尚精品及配饰、香水彩妆及护肤品、高级珠宝为主要创新方向，N°5的香水瓶还被纽约现代艺术博物馆收藏；Armani（阿玛尼）主攻鞋履、手表、包袋、美妆等产品，爱马仕注重产品的工艺装饰和细节，即不同的时尚品牌创新方向不同。上海虽然拥有较大的消费市场，但是缺乏本土的时尚设计师、时尚倡导者和时尚引领者，自主品牌、自主创新能力不足，多数品牌没有自己的独特风格，已有的时尚品牌大多相互模仿，真正有创意的设计较少，至今也没有找到特色鲜明、不可替代、能结合自身古典和现代融合的文化背景的风格，无法体现出海派文化的特征，也无法突出上海的消费潮流、消费理念和时尚特色，使整体时尚品牌发展受限。

3.高端人才缺乏，难以准确把握国际时尚潮流动向

时尚产业的发展中，高端的时尚设计人才非常重要，是时尚产业发展最活跃的因素。时尚设计师、时尚摄影师、形象造型师、时尚评论员、时尚模特、时尚品牌策划专家等不仅能够推动时尚潮流的发展，而且是时尚产业运行的主导力量。目前，上海各高校和专业院校培养的毕业生远远不足以满足上海时尚产业发展的人才需求。上海发展时尚产业，缺乏高端的时尚人才，缺乏技术含量高的时尚创新创意人才、缺乏时尚产品设计人才、缺乏品牌营销人才、缺乏资本运作人才。高端人才的缺乏使得本土时尚消费品牌难以准确把握国际时尚潮流动向，捕捉全球时尚文化元素和创新时尚设计的能力和国际领先品牌的差距较大。

4.时尚产业链条短，时尚消费与数字化融合度不高

上海发展时尚产业虽然具有比较好的产业基础，但是上海时尚产业链的发展却缺少成体系的科技创新和研发力量，高级工艺制造能力、营销渠道、专业信息、资

本的支撑不足，时尚品牌、文化艺术氛围缺失，特别是时尚产业的创意、设计、制造、营销、推广、培训等诸多环节割裂，各类资源要素分属不同行业、跨越不同部门，均在寻求各自的利益最大化，导致文化与时尚、时尚与创意、设计与市场、产业与活动之间的联动不够，亟待整合，形成相对完整的产业链。此外，上海时尚消费品牌虽然积极拥抱数字化，但是在数字营销、视频客服、社交购物等方面渗透率还存在一定不足，在顾客线上体验和购买渠道上也有待进一步提升（图8-3）。

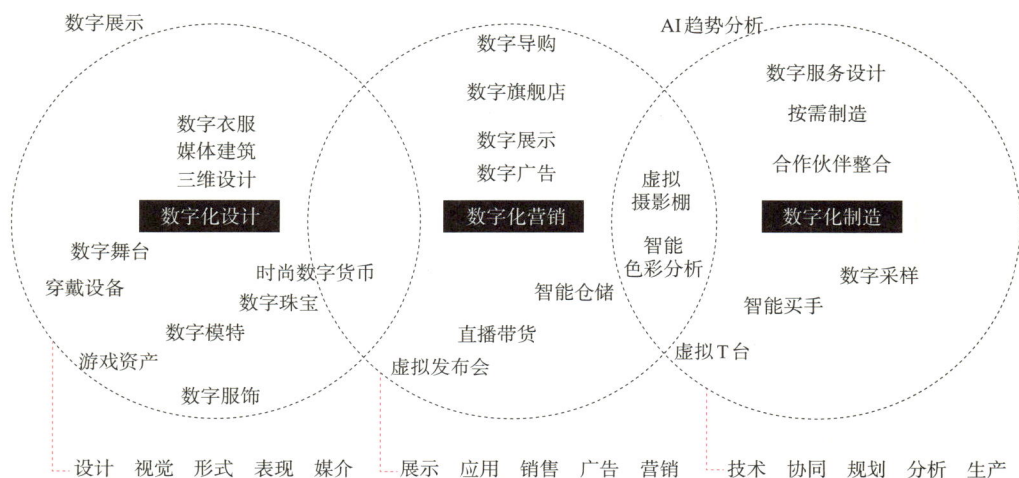

图 8-3　数字化与时尚产业的融合框架

四、上海时尚消费数字化转型的路径

上海作为中国经济增长的重要引擎，不仅是一座科技创新之城，更是引领时尚风潮的时尚之都。契合推进卓越全球城市的建设目标，着眼创造高品质生活，在推动上海市民生活数字化的过程中，如何利用数字化技术精准地把握现代人更高水平、更高品质的服务需求，设计出更符合消费者审美的时尚产品，制造出更能满足顾客要求的款式和数量，实现千人千面的精细化客户触达？如何利用先进科技、全新渠道提升自己的效率，拓展销路，降低成本？这些都是需要进一步探索的地方。上海探索时尚消费数字化转型的路径不仅是建设国际时尚之都的重要举措，更能为全国时尚消费数字化转型提供经验和借鉴。

（一）拓展数字经济的深度与广度，引导数字技术融入时尚设计

进入5G时代，以大数据、云计算、人工智能等为代表的新一代信息技术发展更加迅猛，虚拟偶像、虚拟服装、游戏装备等逐步被更多年轻人接受，存在于真实的感知和记忆中，数字经济以其快捷性、高渗透性正以前所未有的力量影响着生产

与生活。引导数字技术与时尚设计相融合，充分考虑经济、社会、文化、市场等因素，将时尚设计延伸到人们生活需要的各个方面。

1.数字化融入虚拟影响者设计

虚拟影响者最早可以追溯到1998—2003年博客兴起的阶段，博客作者以拥有较好脸庞和身材的"数字人"代表自己的形象，并将"数字人"作为博客空间图文构成的重要组成部分，起到展示个人信息、在互联网中发言的作用。欧美国家的"数字人"拥有极强的时尚品牌代言人属性，经常以"网红"的形式在各种社交媒体上分享时尚穿搭，受到奢侈品与时尚杂志的关注和时尚达人的宠爱。随后，"数字人"逐步转变为虚拟影响者（虚拟偶像），其中比较有代表性的为Miquela Sousa（米凯拉·苏萨）。虚拟偶像与现实偶像一样也能获得与各大时尚品牌合作的机会，如CHANEL、Fendi、Supreme等知名时尚品牌都与虚拟偶像有过合作。在数字技术快速发展中，传统时尚企业也逐步嗅到虚拟偶像的商业价值，更是将其视为链接新生代年轻用户的桥梁。

在数字经济时代，5G、AR等技术不断更新，数字技术融入虚拟偶像的设计更加便捷，有利于创造出更多具有时尚消费影响力的形象。例如，虚拟偶像可以用于电商直播，在展示时尚消费品的过程中收集消费者的偏好，并将时尚消费多样化、个性化的需求吸收到设计中，从而改变设计模式，提升时尚消费的市场欢迎度。此外，虚拟偶像还能增加更多沉浸式的时尚消费应用场景，帮助降低虚拟影响者降低跨界到真实消费场景的门槛，使虚拟形象在未来发展中有着更大引导时尚消费的空间。

2.数字化融入时尚消费品实物设计

2020年新型冠状病毒肺炎疫情席卷全球，居家办公、线上会议等极大地改变了人们的生活方式，视频会议头像、社交应用朋友圈等数字技术的融入也重构了时尚消费用户与时尚消费品的关系。数字时代已来，时尚消费品的设计要以提高消费者满意度为宗旨，以数字引领推进上海国际消费中心城市建设，实现元宇宙与时尚消费的双向奔赴。首先，数字技术应用到时尚设计中能缩短设计周期。时尚消费品设计要更依托数字化网络平台收集时尚消费者的偏好变化，例如，打造网络线上体验平台，时尚消费用户可以在这一平台上应用虚拟人恣意换上符合自己尺码的服装、配饰，摆出各种符合偏好的造型，体验数字服饰生动的光影表现的同时将自身数据信息留在平台上，设计师可以将平台数据、流行趋势与产品设计相结合，在较短时间内设计出受时尚消费者欢迎的产品。其次，数字技术应用到时尚设计中有利于产生更加新奇的设计。造型新颖、色彩迷人、功能独特的时尚消费品对消费者更具吸引力，也更能反映时尚消费的追求个性。数字技术应用到时尚设计中能将过去较难实现的独特产品设计变得更加容易，使设计者能更简单、轻松地创造出更加独特的产品。再次，数字技术应用到时尚设计中有利于整合多元设计。受欢的迎时尚消费品都有自己独有的特征，数字技术能帮助设计师将流行的色彩、花色、形状等模拟和整合，在设计新产品时既能满足社会认同，也能带来规模效益。最后，数字技术应用到时尚设计中还有利于推动时尚创意设计集聚发展。搭建时尚创意设计服务平台将国内外先进的设计技术和优质专业的高端人才在线上集中，推动时尚消费品设计向高端综合设计服务转变，并升级服务领域和服务模式。

（二）加强数字经济与已有消费产业的融合，引导数字技术融入时尚制造

进入数字化时代，以新一代信息技术为基础的数字经济正成为产业优化升级的重要驱动力，对时尚产业与时尚消费的影响也在逐步深入，加强数字经济与已有消费产业的融合，引导数字技术融入时尚制造应是未来发展的主攻方向和关键突破口。

1.推动数字技术与3D打印相结合

知名时装设计师 Iris Van Herpen（艾里斯·范·荷本）早在2010年就将3D打印技术应用到时尚服装制造中，由此打开3D打印和时尚消费品的关联，帮助设计师与制造商缩短产品研制周期，目前已经成为正在改变时尚行业制造流程的主要前沿技术之一。数字技术与3D打印的结合能更好地满足时尚消费品错综复杂的多样性，实现深度的用户定制。首先，数字技术与3D打印的结合能减少生产设计过程的成本。数字技术应用到智能化的时尚消费品工具中，有助于实现时尚消费品制造的自动化精密控制，数字化建模与3D技术的结合能更好地帮助设计师创造具有想象力的产品造型，达成更复杂的纹样设计，满足设计师对时尚产品的精准度与复杂化的要求，减少设计生产过程的成本。其次，数字技术与3D打印的结合能推动时尚制造系统转型升级。数字技术应用到时尚消费品的生产能更快速地从零售渠道搜集顾客购买数据，迅速将顾客需求传导设计到3D打印上，缩短服饰与配件的生产过程。总之，推动数字技术与3D打印相结合能通过数据驱动的制造达到快速满足顾客要求的服装款式与制造数量，在体积更小、更具个性化的服饰与配件方面优势更突出。

2.驱动数字技术与时尚衍生设计相结合

时尚衍生设计又称生成设计，处于时尚消费品制造过程中的前端位置，主要通过计算机辅助生产具备特殊外观造型和独特样式排列的时尚消费品。当云计算、人工智能等技术与时尚衍生设计相结合时，智能化的生产设施能比常规设计师在相同时间创造出更丰富的产品。首先，驱动数字技术与时尚衍生设计相结合，提升数字化制造辅助软件工具。数字技术与时尚衍生设计结合而成的辅助软件工具能支持批

量化地生产兼具多种消费需求的时尚产品，提供更多可扩展度高的产品形态，使大规模个性化定制成为可能。其次，驱动数字技术与时尚衍生设计相结合，为智能化生产提供更高效、丰富的产品模型。目前，上海的时尚衍生设计并未在整个时尚产业大规模推广，主要存在于更加关注个人风格与艺术表现的时尚珠宝、服装服饰方面，当数字技术融入时尚衍生设计后能扩大其普及范围，拓展时尚衍生设计的使用场景，生产制造更多更具个性化的时尚消费品。最后，驱动数字技术与时尚衍生设计相结合，为实现消费流程的线上化提供助力。数字技术与时尚衍生设计相结合有助于设计师通过大数据更加精准地对客户进行画像，数字化的生产手段不仅能根据客户的需求变化及时调整生产产品形态，还能提升生产运行效率，从而提升品牌知名度。

3.促进数字技术与精准化生产相结合

在传统的时尚消费产业方面，时尚消费品的制造都是设计师根据自身天赋与实际调研的消费者需求数据设计并大规模投入生产的。促进数字技术与时尚消费品的精准化制造的应用不仅能完善制造工艺，还能拓宽与电商平台、科技公司的合作范围，减少库存商品，提高制造效率，从而实现对已有时尚消费产业的升级、改造。此外，数字技术与精准化生产相结合产生的低库存、高效率、高利润，还能激励时尚消费品生产企业积极将大数据、云计算、物联网等技术应用到生产的各个环节，促进管理方式创新、工艺装备提升、产品质量改进以及生产效率提高，促进时尚消费品产业的发展。

（三）打造数字化时尚消费平台，提升时尚消费品的数字营销能力

数字经济具有明显的规模经济效应和线上便捷交易的优势，打造数字化的时尚消费平台不仅能更好地融合国内与国际时尚消费资源，还能提升时尚消费品的数字营销能力，推动上海建设国际消费中心城市。

1.提升时尚消费的资源整合能力

数字化营销是时尚消费品企业营销的一次革命性变革，互联网的链接从根本上改变了传统时尚消费的营销逻辑，官方微信小程序、各大电商平台、三方社交媒体平台已成为时尚消费品的必争之地。打造数字化时尚消费平台能较好地整合各个时尚品牌之间营销渠道的分散化，将多样化的品牌营销数据与资源进行整合，提高整体的资源整合能力。首先，数字化时尚消费平台有助于打造多维度的时尚消费空间。科学推进众多时尚消费品牌营销渠道的整合，了解不同时尚消费品牌的特征，注重将不同时尚消费品牌与现代数字技术相融合，推动以零售为主的单一商业功能向品牌集聚的复合时尚功能转变。其次，数字化时尚消费平台有助于吸引更多的时尚消费达人，也有助于引导更多时尚资源进入，形成时尚消费品的供给方与需求方

集聚，更高效、便捷地找到供需双方的均衡点，从而实现时尚消费的可持续化发展。最后，数字化时尚消费平台有助于推进线下线上融合发展。不同的时尚消费品牌都有自身线下的旗舰店、品牌店、直营店等众多商业形态，数字化时尚消费平台能将线上客流导入线下，为线下时尚消费店铺引流，形成线上线下互动发展，既满足时尚消费者的需求，又能为消费者提供更多的时尚娱乐消费空间。

2.提高时尚消费的精准营销水平

国际化的时尚消费平台是提升数字营销能力的重要组成部分，发挥平台优势不仅能提升自身"买全球""卖全球"的能力，还有助于本土时尚企业将产品销往世界各地，高质量地服务世界各地的时尚消费者，提高全球消费者对上海国际消费中心城市服务的满意度。首先，打造数字化时尚消费平台，为本土时尚企业的新品发布、展示与交易一体化提供更大的舞台。在数字化的新零售时代，平台和流量对时尚消费产品营销十分重要，时尚消费品生产企业平台上通过借助明星、网红等的新媒体流量进行品牌推广能触达更多的时尚消费者，能有效提高品牌的知名度，也能为新品发布、展示提供更广阔的空间，增加时尚消费品的销售量。其次，打造数字化时尚消费平台，提高本土时尚消费企业的营销能力、销售能力。数字化时尚消费平台能有效驱动新的零售商业模式，通过整合、分析时尚消费平台在发展过程中积累的大量用户数据，更加精准地知晓用户身份，判断用户喜好，变革数字化品牌营销策略，增强企业营销的动态能力。最后，打造数字化时尚消费平台，发挥数据驱动效用实施全域营销。数字化时尚消费平台作为数字零售的重要平台，能通过营销图文、裂变红包、抽奖等一系列活动，高效刺激私域客户，让客户成为一线推广代言人，打造高转化、高复购的私域流量池，效应实施全域营销。

3.挖掘时尚消费新潜力

数字经济时代，时尚消费从生产到仓储再到销售都在积极与数字技术融合，数据化、智能化的发展趋势不仅有助于提升时尚消费的资源整合能力和精准营销水平，还有助于挖掘新的消费潜力，提升消费能级。首先，打造数字化时尚消费平台，促进企业提升品牌发展力度。数字化时尚消费平台在集合不同时尚消费品品牌时按照品牌能级进行分类管理，即将时尚消费品牌按照世界级、国家级、省级、市级进行分类，这一分类方式不仅能提高平台的管理效率，也能督促时尚消费品企业根据自身特征和消费者偏好制定品牌发展战略，形成更具特色与竞争力的本土品牌，扩大品牌的消费人群。其次，打造数字化时尚消费平台，激励时尚消费品企业提炼中国文化内涵，激发国潮消费。数字化时尚消费平台通过对国际一线时尚品牌优势与竞争力的分析，能帮助本土时尚消费品企业更好地确定自身发展定位，注重将中华文化精神注入设计、研发、生产及营销各个环节，以国潮文化创意激发消费者共鸣，扩大本土时尚消费力，例如，上海提出要推动老字号开展数字化转型。最后，打造数字化时尚消费平台，将消费金融服务嵌入服务链，提振时尚消费力。总之，数字化时尚消费平台能帮助时尚消费企业围绕增加附加值，在选品、质量、体验、价格等方面发力调整，不断为时尚产业发展注入新的活力，挖掘时尚消费新潜力。

五、上海时尚消费数字化转型的政策措施

数字化时代已经到来，上海的时尚产业发展将迎来新一轮的转型契机。以全球化和数字化的宏观视野，结合上海超大城市的时尚产业发展特色和规律，以强化时尚消费用户体验度，营造多元数字消费场景，促进时尚消费数字化转型。

（一）加强数字化基础设施建设

时尚消费数字化转型离不开强大的数字化基础设施，上海市政府应该继续加大数字化基础设施的投入力度，提高整个城市的数字化治理水平，全面提升城市的数字消费服务和效率。第一，加大对5G网络、数据中心、人工智能以及工业互联网等领域的投资力度，重点研发大数据、区块链、人工智能等时尚智能制造的关键技术，促进AR、VR技术在智能自动裁剪、立体缝制、成衣物流、精准营销等方面的应用。第二，引导企业与科研院所、高等院校联合，加强数字技术与时尚产业的融合，提升时尚消费品企业的自主创新能力。第三，推广智能制造新模式，培育一批智能生产线、智能车间、智能工厂，推动时尚消费品企业由传统制造向数字技术制造的转变。

（二）建立时尚消费数字化转型专项基金

时尚消费数字化转型离不开资金的投入，政府倡导建立时尚产业发展专项资金，用于扶持时尚企业的发展，这对促进时尚产业链的延伸与时尚产业的发展无疑具有非常重要的意义。上海市为进一步发挥市级宣传文化专项资金、促进文化创意企业发展财政扶持资金、服务业发展引导资金等专项资金的引导和杠杆作用，加大财政资金投入，突出重点时尚数字化转型项目扶持力度。倡导时尚企业进行PPP（公共私营合作制）的融资模式，将社会资金转移到企业中来，促进时尚数字化转型的发展。

（三）加强时尚消费数字化转型人才的培养和引进

人才是时尚消费数字化转型的核心要素，加强高端产业人才的培养和引进，着力提升时尚人才技能水平极其重要。创新时尚人才培养模式，支持上海高等院校设

立一批高层次文化艺术人才工作室和紧缺艺术人才创新工作室，支持高等院校、科研院所和文化创意企业联合共建人才实训基地，探索学历教育与职业培训并举，形成数字化与时尚创意共通的专业人才培养模式。建立多层次的时尚人才梯队，坚持服务发展、人才优先、以用为本、创新机制、高端引领、整体开发的指导方针，充分发挥国内人才作用，积极引进和用好海外高层次人才，不断提升时尚人才技能水平。鼓励文化创意企业以知识产权、无形资产、技术要素入股等方式，加大对骨干人才的激励力度。推进用人制度改革，推进完善文化人才分类评价。

（刘慧　上海立信会计金融学院）

参考文献

[1] 陈文晖，王婧倩.数字化赋能时尚产业转型升级研究[J].价格理论与实践，2022（3）：38-41，105.

[2] 陈雨倩，孙虹，葛王蓉.数字经济下服装品牌营销策略研究[J].经营与管理，2021（11）：51-55.

[3] 丁肇辰，岳冉.2020年后的数字时尚与其特征——被激活的时尚版图[J].创意与设计，2021（6）：18-29.

[4] 傅江平.数字化转型将助力时尚产业二次腾飞[N].中国质量报，2021-10-21.

[5] 侯萱，张振鹏.时尚产业科技赋能的路径选择[J].中国国情国力，2021（6）：25-28.

[6] 贾荣林，陈文晖.数字时尚产业特点及其发展战略研究——兼析国内外数字技术与时尚产业深度融合的发展经验与路径选择[J].价格理论与实践，2022（6）：27-31，181.

[7] 刘琼.深圳加快时尚产业数字化转型[N].深圳商报，2022-04-26.

[8] 毛梦.用数字化技术研究服装行业的新发展[J].新经济，2022（8）：102-105.

[9] 王宁.数字化和区块链赋能期货交割也"赶时尚"[N].证券日报，2022-1-24.

[10] 魏道培.未来时尚十大特征——从可持续时尚到数字自我认同和人工智能人格[J].中国纤检，2021（1）：110-111.

[11] 夏小雨.方圣：数字赋能 构建产业链时尚王国[J].中国纺织，2021（Z6）：104-105.

[12] 张贵东.数字科技提升时尚话语权[N].中国纺织报，2021-8-11.

[13] 张芝萍，胡碧琴，何介强.加快提升宁波城市时尚化水平的对策研究[J].宁波经济（三江论坛），2018（10）：21-24.

[14] 赵述评，蔺雨薇.遇上"数字化"时尚品牌有了新玩法[N].北京商报，2021-11-26.

第九章　深圳：时尚产业数智化转型研究

发展时尚产业，增强时尚功能，有助于提高城市活力、软实力及国际品质、全球地位，是"理工男"深圳建设全球标杆城市的"必答题"。深圳时尚产业从20世纪"三来一补"时期起，至今历经三十余年发展，品牌和规模影响力引领全国。时尚1.0品牌化时代（约2000年前后），深圳时尚产业整体实施品牌化策略后，实现成功扩张。然而，时尚2.0电商时代（约2010年前后），深圳时尚由于实体体量大，及本土缺乏C端综合交易平台与生态，被江浙、广州等"弯道超车"。当前，时尚产业进入3.0全域营销时代，深圳时尚须抢占关键机遇，在数字化、智能化转型浪潮中重回巅峰，重塑深圳时尚影响力，充分释放双区叠加驱动效应，打造富有深圳科技创新特质的国际新锐时尚之都。

一、深圳时尚产业进行数智化转型的背景与意义

近年来，国内外经济、社会、文化环境及时尚产业格局正在发生重大调整，深圳时尚产业面临科技创新和新型冠状病毒肺炎疫情等带来的数字化、智能化转型升级机遇，以及各地争先行动带来的转型竞争压力挑战。在此情况下，深圳时尚产业亟须加快数智化转型的步伐，为深圳创造崭新的数字时尚新名片，推动深圳时尚绿色、低碳、可持续发展，助力深圳成为新锐文化繁荣集聚地，并帮助弥补深圳时尚发展的短板。

（一）机会与挑战

1.科技创新按下时尚产业数智化转型的"播放键"

当前全球时尚产业处在大调整、大变局之际，时尚话语权正在重塑，我国时尚产业将迎来重大的战略机遇期。新一轮科技创新和产业革新加速推进，5G、大数据、云计算、虚拟现实、增强现实、人工智能、区块链等新技术加快发展，新技术与时尚产业联系日益密切，数字赋能时尚产业链衔接全面化、时尚产品智能化、时尚创意应用场景广泛化，为时尚产业设计、生产、传播等环节迭代升级提供了坚实的发展基础和广阔的发展空间。

2.新型冠状病毒肺炎疫情按下时尚产业数智化转型的"快进键"

新型冠状病毒肺炎疫情以来，出行便捷度和意愿度下降，以线下实体零售为主的时尚企业遭遇重创，数字消费崛起，优质数字时尚消费需求日趋旺盛，全球各地时尚企业纷纷加大线上时尚业务布局，加强数智化投入力度，时尚产业与数字创意融合发展趋势明显，以网络购物、网络直播、智慧店铺等为代表的数字消费新业态、新模式迅猛发展，深刻改变着人们的消费习惯，给时尚产业供给端数智化转型升级带来重大机遇。

3.各地竞相角逐迫使深圳按下时尚产业数智化转型的"加速键"

长三角是时尚产业高度集中的区域，虽在时尚1.0品牌化时代未及时发展，但是其依托良好的数字生态，在时尚2.0电商时代实现了弯道超车。依托本土强有力的电商平台基础，面对不断变化的消费环境，思想开放、具有创新精神的长三角时尚企业和政府部门在时尚2.0时代站在了直播电商的潮头，积极推动时尚产业数智化转型，出台了一系列的政策支持，并相继成立了长三角时尚产业联盟、长三角数字创意产业联盟等组织，进一步探索电商和新零售、数字创意与时尚产业的深度融合发展。深圳必须要抢抓数智时尚升级的机遇，逐步形成时尚3.0新潮流的话语权。

（二）意义与迫切性

1."数智+时尚"赋予深圳时尚独特的名片

深圳作为40年积淀的科技创新之城、设计之都，以"时尚数智化、数智时尚化"为理念另辟蹊径，创新模式，突出优势，结合科技时尚新趋势、新特点、新优势，以时尚温暖科技、以科技升华时尚，促进时尚与科技深度融合发展，打造符合时代规律、具有中国特色、富有深圳科技创新特质的国际新锐时尚之都，成为引领新时期全球时尚不断发展和前进的一股核心力量，为深圳打造全球创新创业创意之都增添新活力、创造新动力。

2."数智+时尚"推动深圳时尚可持续发展

据统计，由于复杂的供应链，价值链上下游较难形成协同和共识，时尚行业温室气体排放约占全球4%～10%，而时尚行业70%以上的全球排放来自生产过程，国际国内各类环保监管制度将势必对时尚产业价值链各环节的运作及成本产生不同程度的影响。数字化赋能驱动时尚产业各环节得到提效与协同改善，减少了纺织材料浪费，节约能源，同时提升生产流程透明度与可追溯性。深圳作为时尚龙头企业价值链各环节控制中心的集聚地，亟须积极提升供应链追踪技术、推动可持续材料研发，领先应对全球气候变化，使中国时尚产业的明天更加绿色、可持续。

3."数智+时尚"助力新锐文化焕发活力持续繁荣

近年来，Z世代已经成为时尚消费增长的主要驱动力，时尚消费从规模化到个性化演变，消费者从"质"的消费进而转向情感性消费，时尚IP的消费引导力以及对顾客价值的创造力越发明显。中国本土品牌和传统文化正在觉醒，富有中国元素的产品与设计颇受Z世代等年轻消费群体的追捧，丰富多元的国潮文化结合互联网种草消费、数字IP消费等时尚数智化消费新业态新模式更新呈现。深圳作为常住人口平均年龄为32.5岁，拥有年轻活力、开放包容文化特质的城市，具有新锐文化结合数智化消费新业态的丰厚土壤，"时尚+国潮"新消费的活力较易在此生根发芽、茁壮成长，助力我国实现文化自信。

4."数智+时尚"疏通深圳时尚发展堵点

多年来，深圳时尚企业主打中高端品牌，主要以线下实体零售的形式立足市场。尽管深圳时尚在全国范围内具有一定的品牌力和规模影响力，但仍缺少综合性在线消费平台、传播影响力较强的时尚媒体以及为本土输出人才的时尚院校等多个要素组成的完整时尚支撑体系，时尚龙头企业存在销售规模增长遇到S曲线的瓶颈期、新型冠状病毒肺炎疫情期间库存居高不下等问题，亟须构建新一代时尚产业数字化、智能化生态和体系，跨区域、跨领域、行业内、企业内链接资源，促进时尚产业链各环节信息和服务共享，弥补产业体系和企业生产经营活动的短板。

二、深圳时尚产业数智化转型已经在路上

面临国内外机会与挑战等外部形势，数智化赋能深圳时尚产业具有诸多重要意义与迫切性。以下将重点从深圳时尚产业数字化、智能化升级的整体情况展开分析，并梳理服装、鞋包、黄金珠宝、家纺家具、钟表、内衣、美妆、眼镜、科技时尚等细分领域的数智化转型现状及典型案例。

（一）基础现状
1.整体转型情况

（1）深圳具备较好的科技创新基础，为时尚产业转型升级提供强有力的支撑。从发展基础看，深圳在时尚产业数智化转型方面有着得天独厚的优势，有产业数智化基础设施建设的华为、中兴为代表的基础科技门类的工业，也有互联网高速发展的腾讯等一批互联网企业，同时元宇宙、NFT等新兴业态企业数量领跑全国，为深圳时尚产业通过数智化转型实现弯道超车提供了良好的应用技术基础。

（2）深圳时尚产业数智化转型仍有待进一步升级。从时尚产业链环节来看，深圳时尚产业设计、制造生产、营销销售等环节较早启动了数智化转型升级。在时尚营销领域，服装是数字化转型的重要载体和对象，调研发现其数字化水平不高，虽然很多企业均有将企业经营与电商平台结合的想法，部分大型企业也已在直播带货

和电商运营方面初具规模，但对于时尚行业整体来说转型升级面临困境。女装、内衣、女鞋等深圳时尚特色优势细分领域后端的电商环节的渗透率与行业整体水平差距较大，其通过电商平台赋能的销售规模落后于行业，直接影响产业规模增长的竞争力。在时尚制造领域，尽管深圳已有赢家集团、百丽集团等龙头企业智能制造转型的"先锋"，但大部分中小企业无法承担短期内的较大投入，智能制造转型效果不佳，相较于快时尚品牌，产业整体缺乏灵活性，整体库存周转效率较低（图9-1）。

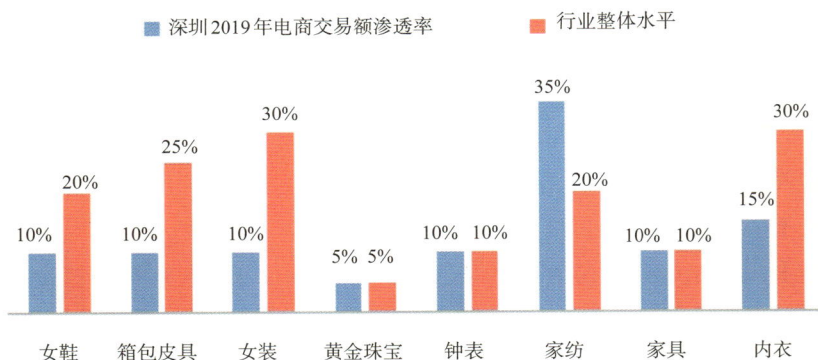

图 9-1　2019 年深圳各时尚领域电商交易渗透率与国内行业对比分析
数据来源：《时尚产业数字化智能化转型升级研究报告》。

（3）深圳时尚产业数智化转型程度主要取决于市场认知和企业管理。深圳时尚产业数字化、智能化转型投入较大，需要企业拥有创新精神、对转型的深入认识等素质，而目前业内对数智化转型缺乏统一愿景和协同，绝大部分时尚企业对数智化价值和收益持怀疑态度，仅极少数企业在 3～5 年前启动数智化转型在单业务领域有数智化应用和认知。同时，业务价值体现不足、权责界限不清、资金支持缺少、技术能力和人才缺乏等问题也阻碍了深圳时尚数智化赋能的进程。此外，相对于其他领域，科技企业对时尚产业转型的探索意愿整体不高，因此时尚产业与科技企业的跨界合作不深（图9-2）。

2. 细分领域转型情况

（1）服装、鞋包行业。品牌企业引领。服装品牌企业侧重零售、制造等环节的数智化改造，非自有品牌企业数智化程度一般。中头部品牌企业在自身数字化、智能化升级方面勇于探索和创新，务求引领行业变革。赢家以消费端数智化为起点，以智能制造平台和智能研发平台为双核心，联动发展全渠道销售平台和服装供应链业务运营大数据平台，构建数字时尚发展战略。歌力思在品牌推广方面虚实结合，兼顾知名艺人代言品牌等传统方式，同时推出虚拟数字人进行社交媒体营销，不断引爆年轻一代的讨论热点。而中腰部零售品牌企业则大部分采用市面成熟的数智化

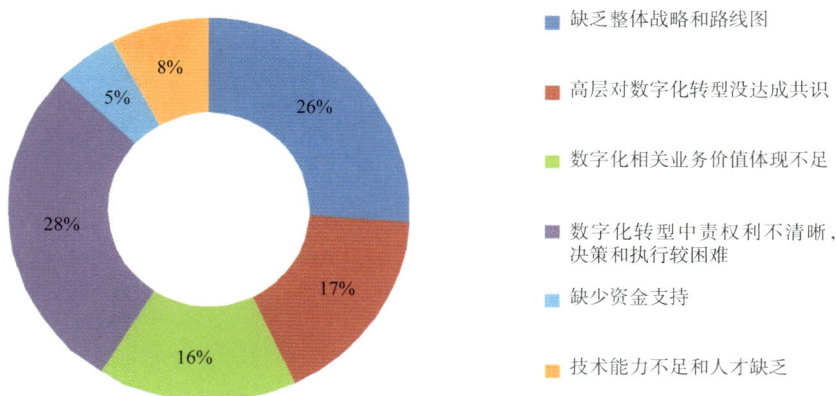

图 9-2　深圳时尚产业数智化转型所遇问题

数据来源：《时尚产业数字化智能化转型升级研究报告》。

应用解决方案或系统，以解决实际问题。非自有品牌企业方面，大型加工型企业在生产制造、物流仓储、财务管理等环节局部数智化程度能达到行业平均水平，中小型加工企业和批发企业及批发市场数智化水平较低。

鞋包行业数智化转型探索主要集中在大型零售品牌企业。鞋类头部企业百丽时尚，从确定数字化转型第一天起，数字化改造就成为一以贯之的目标，即全流程的数字化改造，将数据本身作为驱动公司发展的生产力。企业自主开发设计的全业务领域打通系统化工程，构建了统一的数据平台，打通全渠道销售、打通会员、打通线上线下，实现了前端销售和后端供应链、柔性制造的高效协同，并同步实践通过数据化的手段构建C2M模式，其数智化能力领先行业水平。包类头部企业迪桑娜关注柔性智能制造，专门针对女包的柔性智能制造生产线已于2020年上线运行，愿景是做到高度柔性生产，发展S2B2C供应链平台。

（2）黄金珠宝、家居家纺、钟表、眼镜行业。部分环节数智化程度较高。黄金珠宝行业数智化多赋能销售环节。ToC、ToB端销售环节数智化程度较高，部分大型零售品牌企业以业务驱动信息化和数智化的落地为导向，以采用行业内成熟的数智化和系统解决方案为主。仓储、供应链及加工制造等环节的数智化水平有待提升。

家居家纺行业大型企业数智化方面投入较多，以零售端和制造端数智化技术应用为主。家纺因为在线电商比例较高，所以电商全渠道方面投入是重点。富安娜在2014年力推电商渠道，成为家纺行业电商化最彻底的公司，帮助公司在上一次行业调整中突破瓶颈，业绩实现10%的复合增长。

钟表行业数智化集中在后端加工制造自动化和精密加工方面，部分头部企业在前端零售环节也实现了较高的数智化水平。飞亚达前端销售总体围绕商品、顾客和门店进行数智化改造和升级，经历了数智化1.0、数智化2.0阶段、数智化3.0阶段，目前已经取得较好的效果，且部分系统采取以自研和二次开发为主。

眼镜行业主要聚集在横岗附近，以加工和批发为主，部分环节数智化程度较高。眼镜本身主要由镜片和镜架组成，而镜片的加工属于高精密的加工制造，涉及3D打印，三维扫描等数智化技术应用，数智化程度较高。

（3）内衣、美妆行业。数智化转型不足。深圳内衣行业以高端品牌为主，数智化转型不足，主要在智能制造、数智化营销等方面进行突破；美妆行业主要聚集在华强北等地，以批发和国际贸易为主，数智化程度较低。仙库联合内衣C2M工业互联网研究院，凭借3D数智化技术在服装行业的成熟经验，提供"3D智能量体+AI算法制板+柔性供应链"一站式内衣C2M个性化定制解决方案。

（4）科技时尚行业。科技产业时尚化发展。深圳作为科技之都、创新之城，除数智化赋能传统时尚领域外，消费电子"产业时尚化"在全国也处于领先地位。深圳消费电子产业越发重视注入时尚潮流理念和元素，诞生出众多"时尚+科技"跨界融合的时尚消费电子品牌，华为、中兴、大疆等时尚消费电子传统品牌引领全球，同时孕育出优必选机器人、洛菲键盘等一批时尚潮流品牌。2020年，深圳时尚消费电子纳统企业达700余家，增加值约2666亿元。

（二）紧锣密鼓的部署

为加快发展现代时尚产业集群，建设具有全球影响力的创新创业创意之都，深圳市近三年出台了《深圳市时尚产业高质量发展行动计划（2020—2024年）》《深圳市时尚产业发展规划（2021—2025年）》《深圳市培育发展现代时尚产业集群行动计划（2022—2025年）》三个专门的时尚产业部署文件。三大时尚文件持续助力深圳时尚产业数智化改造，均将数智化作为深圳时尚产业的重点发展方向，均提出要加快深圳时尚产业与新一代信息技术的深度融合，实现生产组织与商业模式变革，提高时尚产业数智化水平。从环节看，要求从数字赋能设计、智能智造、时尚零售数智化、以搭建时尚产业链为核心的工业互联网平台等方面进行时尚产业数智化转型。从维度看，要求从企业改造、行业转型等方面落实时尚产业数智化转型。

三、国内外时尚产业数智化转型的经验

纵观国内外时尚行业，平台企业、品牌企业、时尚活动等纷纷抢抓数智新趋势，分别从行业平台打造、自身制造环节改造、数字化营销手段使用等方面着手，加入数智化转型浪潮，为深圳时尚产业提供转型升级的宝贵经验。

（一）数智服务平台赋能产业升级

数智服务平台企业凭借技术优势，搭建行业平台，打破设计、制造等环节行业

痛点，打通产业链上下游之间的堵点，提升产业整体效率，促进时尚产业升级。

1.百布：纺织行业智慧供应链平台

百布打造国内纺织行业最大的智慧供应链平台，解决行业痛点。为解决纺织布料市场长期以来因上下游产业链信息不对称而导致的采购成本高、布料利用率低下等行业通病，百布经过6年的持续深耕，逐步打通整个产业链条，建立了深厚的行业基础与地位，已成为国内纺织行业最大的智慧供应链平台。百布于2019年12月完成了D轮3亿美元融资，这也是中国纺织布料领域最大的一笔单轮融资，并完成了对"巨细"和"织联网"的并购，对纺织工厂进行了物联网覆盖。目前，百布AIoT设备铺设超过30万台织布机，链接服务国内20%以上的织布机规模，一跃成为行业内AIoT设备覆盖规模最大的服务商。

2.犀牛智造：犀牛智造工厂

犀牛智造助力中小企业实现数字制造。犀牛智造平台希望把数字洞察应用在制造环节中，实现真正的产销一体化，希望可以真正实现数据驱动，将消费者洞察、行业洞察与生产环节紧密相连，实现更聪明的生产排期、弹性生产，帮助中小商家解决生产供应链中的一系列痛点。犀牛智造首次将互联网消费与制造业融合起来，实现"定制服装批量化生产"。3年内，犀牛智造与淘宝上200多个中小商家进行试点合作，跑通了数据驱动、快速反应的新制造模式，真正做到按需生产，最大程度降低商家试错成本，减轻库存成本，为抗风险能力较弱的中小企业提供更强的韧性。它实现了从消费端到制造端的完美对接，1个仓对应外围30公里制造供给网络，每一件商品，从生产环节到交付给消费者，能实现全链路数智化。犀牛智造工厂的运转效率可达行业平均水平的4倍，比快时尚鼻祖ZARA还要快7天。

3.知衣科技：一站式设计+柔性生产的供应链平台服务

知衣科技将人工智能和数据挖掘领域的前沿技术转化为服装行业生产力。杭州知衣科技有限公司自2018年成立以来，凭借图像识别、数据挖掘、智能推荐等核心技术能力，升级服务体系，自主研发了知衣、知款、美念、抖衣等一系列服装行业数据智能SaaS产品，为服装企业和设计师提供流行趋势预测、设计赋能、款式智能推荐等核心功能，并通过SaaS入口向产业链下游拓展，提供一站式设计+柔性生产的供应链平台服务。知衣科技已和包括太平鸟、巴拉巴拉、UR、绫致集团、Ubras、歌力思、Bosie、蕉内等在内的超过1000家品牌进行了合作。

4.ERP系统软件开发企业：箱包产业链协同制造平台

ERP系统软件开发企业助力狮岭箱包皮具产业集群升级。2020年9月，花都区牵头组织、引进专业箱包皮具行业ERP系统软件开发企业，联合狮岭箱包皮具产业集群内重点骨干企业、产业专业智库等，共同开发箱包产业链协同制造平台。平台通过将行业品牌商、生产加工商、物料供应商等产业链多个环节线上链接，实现上下游之间数据信息无缝对接。同时，原材料采购、生产厂家排单等环节线上实时更新，高效解决了"如何设计、找谁生产、哪里找料"的问题，通过共享加工培养新业态模式，实现上游原材料供应商、中游加工商以及下游成品商协同"智造"，使产业链集群效应更明显，大大降低隐形成本。狮岭镇箱包产业链协同制造平台自试运行以来，为狮岭镇箱包皮具生产企业节省成本超过 3.5亿元。

（二）时尚品牌企业自身智造升级

时尚企业通过对生产制造、物流仓储软硬件的数字化、智能化改造，突破自我发展瓶颈，实现高效管理，迎来发展新空间。

1.海澜之家：RFID 技术

海澜之家使用 RFID 技术实现高效管理。海澜之家作为中国最大的服装品牌，进出货及盘点数量巨大。海澜之家用三年时间，通过 RFID 技术让 2 亿件衣服都拥有自己的身份证编码，RFID 芯片使得线上线下的数据共享和互通，实现准确率的提升和人工的减少，从而全面提升仓储管理系统。目前已经可以实现线上下单，就近门店发货。截至 2018 年，凯施智联先后已交付 RFID 标准版及定制版设备百余台，所有设备配套安装 Casesoft RFID MILAN 系统，配合 SAP 仓储管理系统，大大降低了海澜之家物流园的人力成本，同时提升了在职人员的工作效率，收发货准确率获得了前所未有的提升，出入库任务按时完成。在发货高峰期，如双十一活动期间，海澜之家使用 RFID 通道机发货超百万件，流畅、稳定、便捷，完全解决了供应链端的后顾之忧。

2.SheIn（希音）："大数据设计" + "小单快返"

SheIn 借助数智化赋能全链条环节，实现快速发展。SheIn 是一家主打女装的跨境快时尚品牌，目前已进入北美、欧洲、俄罗斯、中东、印度等市场，核心业务包括商品设计、仓储供应链、互联网研发、线上运营等。2021 年，SheIn 营收据说已突破 1000 亿人民币，估值也达到 500 亿美元。SheIn 对标的 ZARA 是快时尚的发明者，款式多、价格便宜是快时尚的特点，而 SheIn 则把这两个特点更加发挥到极致。设计环节，SheIn 借助人工智能、大数据等技术，从网络抓取流行面料、图案、颜色等元素，组合设计成新的服装款式。而制造环节，SheIn 采用"小单快返"模式，充分调动供应链网络，将打样到生产的流程缩短至最快 7 天，比 ZARA 最快的时候还少 7 天。

3.尚品宅配：个性化定制和智能化生产

尚品宅配依托大数据技术实现个性化定制和智能化生产。2016 年尚品开始利用十几年积累的大数据，专注于对产品尺寸、功能、颜色、材料方面的研发。2019年，尚品推出第二代全屋定制，即以"更全、更美、更懂你"的方式出现在消费者面前。从橱柜、定制家居、成品家居、家电、软装，真正做到全屋配置，引入全国首个 AI 人工智能设计以及柔性化的供应链实现个性化定制。从设计师到门店再到工厂，全面打通数据流量。尚品的智能制造生产线实现了整体效率提升，材料利用率提高，人工成本降低，生产定制化和规模化的融合发展，大大提高了企业的竞争实力。

4.报喜鸟：云翼智能制造平台

报喜鸟打造云翼智能制造平台实现大规模定制，部署工业 4.0 智能化生产。云翼智能平台，将原有传统工厂升级改造为 MTM 智能工厂，通过服装定制"三个化"来实现服装产业大规模的个性化定制。一是数据化，就是把传统的客户需求转换为体型、版型、工艺、面辅料四大数据，存储在智能衣架的 RFID 芯片中，通过无线射频扫描，在智能吊挂流水线上流转，进行工序生产，并将生产过程中的动态数据实时收集反馈。客户信息录入后可直接下单，实现了成衣库存从50%到0的转变。二是部件化，就是将一件衣服分为前身、后身、袖子、领子、挂面五大部分，再拆分成若干部件，通过智能排版和智能吊挂个性化流水线以及手工制作，提升客户个性化定制服装的效率和品质。第三是智能化，就是整个生产制造过程智能化，通过六大系统集合的生产过程智能控制系统，以自动化传感技术整合吊挂系统和显示系统，智能、自动、精确、简单地对 396 道工序进行管控，作业有序、快捷和可跟踪，完成管理和制造的无缝对接。最终实现部件化生产和人机协同，成为数智化驱动工厂。得益于数智化改造，报喜鸟于 2015 年入选工业和信息化部100家互联网与工业融合创新试点企业，2016年列入工业和信息化部智能制造试点示范企业。

（三）线上线下结合的时尚营销

时尚企业借助线上线下融合的营销战略、跨境电商、数字化管理、元宇宙发布SHOW等手段打通线上线下营销传播渠道，优化产品展示，提升产品宣传效果，拓展产品市场。

1.历峰集团：奢侈品电子商务

历峰集团（Richemont）借助电商平台，打造奢侈品发展新高度。历峰集团是瑞士奢侈品公司，2004年以来排名在路威酩轩（LVMH）之后，与开云集团有全球第二和第三的位置波动。历峰集团涉及珠宝、手表、知名购物网站、时装与配饰4个商业领域，共计26个品牌。与 LVMH 集团类似，历峰历来通过并购进行多品牌扩张，有"奢侈品集邮大师"的称号，包括买下号称"珠宝商之王"的卡地亚，参股登喜路和万宝龙，从竞争对手LVMH集团手里夺走积家、朗格和万国三个品牌等发展扩张（表9-1）。

表9-1　历峰集团主要业务及品牌

主要业务	品牌数	主要品牌
珠宝首饰	3	BUCCELLATI 布契拉提、CARTIER 卡地亚、VAN CLEEF & ARPELS 梵克雅宝
名表	8	A. LANGE & SÖHNE 朗格、BAUME & MERCIER 名士、IWC SCHAFFHAUSEN 万国、JAEGER LECOULTRE 积家、PANERAI 沛纳海、PIAGET 伯爵、ROGER DUBUIS 罗杰杜彼、VACHERON CONSTANTIN 江诗丹顿
知名购物网站	6	WATCHFINDER & CO.、NET-A-PORTER、MR PORTER、THE OUTNET、YOOX、ONLINE FLAGSHIP STORES
时装与配饰	9	ALAÏA 阿瑟丁·阿拉亚、ALFRED DUNHILL 登喜路、AZ FACTORYA Z工厂、CHLOÉ 蔻依、DELVAUX 德尔沃、MONTBLANC 万宝龙、PETER MILLAR 彼得·米勒、PURDEY 珀迪、SERAPIAN 塞瑞皮恩

对比LVMH和开云集团，历峰率先开窗奢侈品新零售的业务模式。通过入股Yoox与Net-a-Porter两大平台，历峰较早形成了独立的奢侈品电商平台业务。2015年Yoox与Net-a-Porter合并为YNAP，使得历峰的电子商务拥有可以覆盖全球的规模，并积累了大量的数据。2017年，YNAP成为全球营业收入规模最大的多品牌奢侈品零售商。2019年，历峰集团宣布与阿里巴巴合作，以期让奢侈品零售产业能够接触到更广泛的中国受众，阿里巴巴将提供技术和基础设施、市场营销和支付物流等支持。历峰集团通过与阿里巴巴的合作，有效地开发和利用了阿里巴巴潜在的6亿客户，迅速推进了其在中国的奢侈品线上业务。

2. 周大福：D-ONE定制

周大福D-ONE定制打通线上线下的新零售销售渠道。为了解决珠宝定制业务中流程烦琐、沟通效率低、耗时长的痛点，周大福D-ONE定制应用了O2O的商业模式，简化了珠宝定制的流程。顾客不需要与门店、后勤部门、工厂等各方对接，甚至不需要亲自到店，就可以在线上完成定制、下单和支付。同时，D-ONE建立了属于周大福的C2M业务模式，C代表的是消费者，M代表的是工厂，通过D-ONE定制平台将顾客与工厂直接连接。当顾客在D-ONE平台下单以后，订单就会直接传输到工厂，工厂利用引进的全球领先技术和设备，安排技艺精湛的工匠大师来进行产品生产定制，最终从工厂直接邮寄给顾客。从顾客下单到工厂发货，一共只需24小时。周大福D-ONE定制打通了线上线下的新零售销售渠道，建立了属于周大福的C2M业务模式——顾客直连工厂，订单和数据驱动生产，为前线分店提供了

"零库存"的销售模式和整合资源的销售平台，实现企业可持续发展的转型升级。

3.北京时装周

元宇宙使时尚品牌营销焕发新生机。在2023春夏中国国际时装周和2022北京时装周上，众多时尚品牌都推出了虚拟时装秀。安踏以"重新想象运动"为主题，用虚拟技术、新创意、新内容为消费者带来了全新的虚拟走秀体验。在走秀中，百度AI数字人希加加领衔虚拟模特队伍，身着安踏最新发布的虚拟时装，打造了一场时尚虚拟T台秀。走秀以未来宇宙空间的运动为设计蓝本，突破常规时尚概念和传统布料的限制，融合现实中的运动文化风格，打造出虚实结合的设计叙事风格，以及未来感、运动感十足的虚拟运动套装，探索虚拟空间中的运动服装发展方向。

四、推动深圳时尚产业数智化转型的策略建议

充分发挥深圳时尚产业集群优势，即创新之都和时尚产业雏形，推动时尚产业与数字经济的深度融合，导入新技术、创新新业态、发展新模式，把数字化、智能化创新全方位融入深圳时尚产业升级，助力深圳打造领先全球的新锐时尚之都，通过数字化驱动时尚产业，通过时尚产业数字化引领数字经济时尚化，打出一面鲜明的旗帜。

（一）加强湾区协同，打造数字化时尚共同体

在"双循环"经济的背景下，加强时尚产业开放合作，以产业发展促深圳与内地联动、深圳与海外联动的开放格局的形成。深入推进时尚产业产融结合、科技融合、区域融合等，促进国家间、区域间、产业间、企业间的资源、能力高度协同。加快建设时尚产业数字化平台、时尚科技创新、时尚产业金融、人力资源协同发展的产业体系。大湾区、深圳市内时尚产业集聚地星罗棋布，产业发展及数智化转型等方面各有千秋。在时尚3.0时代，供应链上下游协同和产业链中下游核心优势对产业全域营销升级起关键性作用。未来，建议湾区内重要时尚产业平台协同发展，优势互补，形成"1+1>2"的效果。

从湾区内时尚产业的格局分析和规划，大浪时尚小镇建议定位时尚服饰产业的供应链中心及S2B2C好货平台，形成与车公庙产业带"品牌运营中心"、南油"原创批发中心"的产业三区协同格局，东莞虎门、广州中大等片区建议作为上游原材料供应基地及加工对接窗口，与深圳市大浪时尚小镇、南油片区紧密联动，共同打造全球时尚产业供应链好货平台，未来实现湾区产业链供应链协同。探索深港产学研合作，联合香港时尚传媒相关院校、实验室、博物馆等，运用云计算、

大数据、人工智能、区块链、虚拟现实和增强现实等先进技术，推进数字技术赋能研发设计、运营管理、艺术文化展示等时尚产业链两端，完善数字时尚信息网络建设。

（二）建设数智大脑，促进数字赋能时尚设计

《粤港澳大湾区发展规划纲要》明确要求深圳"加快建成现代化国际化城市，努力成为具有世界影响力的创新创意之都"，支持深圳"引进世界高端创意设计资源，大力发展时尚文化产业"。《关于支持深圳建设中国特色社会主义先行示范区的意见》指出，深圳"到2035年建成具有全球影响力的创新创业创意之都"。从未来时尚产业发展的角度来看，比较适合深圳的差异化定位是：做突出创新创意设计之都，做时尚产业的"数智大脑"，集中资源发力附加值高的知识密集型产业环节，打造数据驱动传统产业转型升级的典范城市。

锻造设计长板，发展"数字+设计"，依托原有品牌设计优势，加大力度结合CAD、CAM、三维数字化技术、设计协同SAAS平台等数字化研发设计基础设施，运用流行趋势分析、新材料新工艺、快速打样及技转等技术，促进时尚设计能力提升和多元化发展，鼓励更多品牌企业的设计部门为行业提供专业服务，打造数字设计公共服务平台。同时，引进各类数智时尚服务商，强化与时尚企业合作。设计知识产权保护方面的软件，利用的区块链、大数据、云计算、人工智能等互联网基础设施和软硬件技术相结合，实现时尚原创设计第一时间得到确权，保护原创设计，激发时尚行业整体原创活力和创新力量。

（三）发展时尚智造，促进时尚企业高端化发展

深圳时尚产业集群的核心为龙头商业品牌企业和设计师品牌，规模化生产制造、仓储物流等环节的效能对行业企业运作产生极大影响。时尚3.0时代，产品和服务供应链的运作效能决定行业和企业对市场的反应速度。再者，在国内国际"碳中和"背景下，深圳时尚应勇立潮头，积极构建绿色循环低碳的可持续时尚产业体系，通过生产制造环节数字化、智能化提高原材料和能源利用效率，降低温室气体和污染排放，减少资源消耗和负面环境影响。

实现时尚智造，需以时尚品牌企业为主导，协同推动制造物流等环节软硬件改造升级。建议龙头企业加大制造相关软硬件设备的改造投入，搭建促进上下游供应链协同的工业互联网平台等，引进智能产线、智能车间。建议品牌企业借鉴快时尚模式，取其精华，加强制造过程中与市场需求的对接，引进小单快返、柔性制造等模式。配合智能试衣、柔性定制等技术，加快发展个性化定制业务，促进时尚企业高端化发展。

（四）培育数字时尚消费，引领消费变革

时尚产业作为面向消费者的"美丽产业"，最重要的特点为，消费环节在其产业价值链中的重要性远高于其他产业。时尚产业的供给规模影响一个城市的经济发展，时尚消费更在城市消费中占据重要比例，也是提升城市活力、魅力、影响力和软实力的关键要素。再如，时尚3.0新时代围绕全域营销进展，营销消费环节更是新时代产业升级的主题和各地产业展开角逐的主赛道。因此，顺应新潮流、新趋势的时尚营销消费升级，品牌企业和时尚商圈应注重线上线下全渠道升级，创新布局线下营销网络的同时，建议对各类线上营销渠道和各类数智化营销工具积极探索、加大投入。

线上零售渠道方面，在天猫、唯品会、京东等知名电商平台进行产品销售，并注重在社交媒体零售网络进行相应的布局，占据兴趣电商流量红利。线上ToB渠道方面，将订货会、新品发布会等营销宣传活动搬到虚拟网络空间，依托各类社交媒体及电商平台和AI、元宇宙等技术，通过推出线上数字订货会、线上专场集群订货会等活动，满足更广泛的品牌和行业需求。同时，应加强微博、微信、抖音、小红书等渠道建设，积极运用虚拟形象IP、虚拟试衣、NFT时尚产品等数字化产品和工具传达品牌价值、链接消费者、增强客户体验。

（五）推动数字产业时尚化，引领科技时尚潮流

深圳市作为创新之城、科技之都，科技创新基因浓厚。近年元宇宙、NFT等数字经济新业态浪潮下，深圳再一次抓住机遇。目前，深圳已有近500家申请元宇宙商标的企业，仅次于北京，占全省超50%。除服装服饰、钟表、黄金珠宝、眼镜等一批传统优势产业外，数字产业时尚化（时尚消费电子等）也是深圳时尚产业的重要内容。2018—2020年，时尚消费电子行业增加值占全市时尚产业增加值比重超一半。未来，深圳时尚产业可以数字时尚、科技时尚为错位特色，打造新锐科技时尚之都。

为扩大深圳科技时尚影响力，建议着重在科技时尚品牌和营销两端发力。建议消费电子品牌企业加强市场调研、观察，了解年轻消费者、中老年消费者等不同消费群体的需求，为产品注入更多时尚元素。同时，引进培育更多科技时尚品牌，鼓励其与服装服饰、美妆、钟表、黄金珠宝等行业企业推出各类跨界联名的实体、虚拟产品，促进不同品牌文化和设计的碰撞。此外，建议科技时尚企业在深圳举办新品发布活动，加强科技时尚潮流影响力出圈。

（六）完善支撑体系，打造一流数字时尚生态

无论是时尚产业数字化，还是数字产业时尚化，牵引力量皆应以市场为主导，

平台和企业根据自身需求和行业趋势，以点带面、从局部至全链条开展数字化、智能化转型升级。深圳要抢抓国内时尚产业 3.0 时代新机遇，打造时尚产业新中心，要发挥数字经济创新发展试验区的政策优势、体制优势，围绕深圳市时尚产业转型升级和高质量发展目标来布局相关产业生态。

时尚产业数字化转型升级和未来产业发展，离不开资金、人才、行业组织、媒体、政策引导等生态支撑体系构建。资金方面，建议通过政府引导基金和行业内优秀企业的产业资本等，共同组成一支专项的时尚行业转型升级产业基金，主要围绕时尚产业平台、工业互联网平台、跨境电商平台、商业模式创新、核心技术攻关、品牌及 IP、时尚科技、可持续发展等领域筛选世界范围内最优秀的项目和深圳本地相关优秀的企业来进行组合投资和生态建设，横向聚集行业，纵向连通产业。人才方面，建议出台针对数智时尚人才引育留用的专项政策，搭建时尚比赛、产业基金、高校培养、企业实训等产学研一体的人才引培链条，为时尚产业数智化升级输送人才。行业组织方面，建议政府牵头，整合各细分领域一众龙头企业和行业协会资源，组建时尚产业联盟，集中力量为时尚产业提供服务和交流平台。媒体公关方面，积极加强时尚企业与媒体合作，引进、培育具有国内外影响力的专业时尚媒体、广告、策展等机构。

［刘玉玲　中国（深圳）综合开发研究院

霍荣华　深圳市皮革行业协会

汪云兴　中国（深圳）综合开发研究院

汤　露　中国（深圳）综合开发研究院］

参考文献

[1] 陈文晖.中国时尚产业发展蓝皮书2021[M].北京：中国纺织出版社有限公司，2021.

[2] 3D技术引领内衣行业数智化升级，仙库亮相深圳国际内衣展[EB/OL].Tom网，2022–8–14.

[3] "深圳式"时尚有何特别？创新玩法背后蕴藏深意[EB/OL].人民网，2022–10–27.

[4] 中国纺织工业联合会社会责任办公室，艾伦·麦克阿瑟基金会，兰精集团.循环时尚：中国新纺织经济展望[R]，2020.

[5] 中国服装协会.2022年1—8月中国服装行业经济运行简报[R]，2022.

[6] 深圳市工信局，深圳市皮革行业协会.时尚产业数字化智能化转型升级研究报告[R]，2020.

第五篇

发展趋势篇

第十章　人工智能在我国时尚产业的应用及发展趋势

一、人工智能的发展历程

（一）我国起步相对较晚，产业规模快速增长

人工智能是研究、开发用于模拟、延伸和扩展人的智能的理论、方法、技术及应用系统的一门新的技术科学，是在大数据、算法、自主学习、深度学习、传感器等软硬件基础上形成的。随着5G时代的到来，以人工智能、云计算、大数据等为代表的新兴信息技术成为赢得全球科技竞争主动权的重要战略资源，科技革命和产业变革正在推动制造业的组织形式、生产方式和商业模式发生根本性的变革。

近两年来，特别是受新型冠状病毒肺炎疫情的冲击，越来越多的国家认识到，人工智能对于提升全球竞争力具有关键作用，逐渐深化并推进人工智能战略。我国人工智能技术在政策、资本和市场需求的共同推动下得到快速发展。在产业上，我国人工智能企业"质、量"兼顾，同步发展，集聚发展效应明显，产业规模不断扩大，产业链布局不断完善，发展进入快车道。随着以计算机视觉、智能语音、人机协同等技术为主的智能终端产品不断推广应用，根据中国信息通信研究院数研中心测算，2021年中国人工智能产业规模达到1809.6亿元，规模增长率达到12.1%，超过全球增速。"十四五"时期是中国人工智能产业与实体经济深度融合，赋能发展的关键时期，中国人工智能产业也将面临核心技术攻关、科技成果转化、基础设施建设和人才队伍建设等多项挑战。在构建数字经济产业新发展格局下，中国人工智能产业将迎来更大的发展空间（表10-1）。

表10-1　国家层面人工智能发展相关政策盘点

颁布时间	颁布主体	政策名称
2015年5月	国务院	《中国制造2025》
2015年7月	国务院	《国务院关于积极推进"互联网+"行动的指导意见》
2016年3月	十二届全国人大四次会议	《中华人民共和国国民经济和社会发展第十三个五年规划纲要》

颁布时间	颁布主体	政策名称
2016年5月	国家发展和改革委员会	《"互联网+"人工智能三年行动实施方案》
2016年8月	国务院	《"十三五"国家科技创新规划》
2017年3月	国务院	《"十三五"国家战略性新兴产业发展规划》
2017年7月	国务院	《新一代人工智能发展规划》
2017年12月	工业和信息化部	《促进新一代人工智能产业发展三年行动计划（2018—2020年）》
2018年11月	工业和信息化部	《新一代人工智能产业创新重点任务揭榜工作方案》
2019年3月	科学技术部、网络安全和信息化委员会办公室	《关于促进人工智能和实体经济深度融合的指导意见》
2019年8月	科学技术部	《国家新一代人工智能开放创新平台建设工作指引》
2020年7月	网络安全和信息化委员会办公室等五部门	《国家新一代人工智能标准体系建设指南》
2021年7月	工业和信息化部	《新型数据中心发展三年行动计划（2021—2023年）》
2021年9月	国家新一代人工云智能治理专业委员会	《新一代人工智能伦理规范》
2022年8月	科学技术部等六部委	《关于加快场景创新以人工智能高水平应用促进经济高质量发展的指导意见》

（二）应用边界不断扩展，逐渐渗透至时尚领域

随着人类对人工智能的感知不断增强，整个人工智能行业已经成功从实验室阶段转向产业化生产阶段，不断向轻工业、农业、医疗等各领域渗透，重塑传统行业模式，衍生新的业态。对于时尚产业，人工智能技术的应用除了提供更生动的展示，还带来了设计、生产、销售等岗位的创新，彻底改变了行业生态。在时尚产业链环节中，最容易实现人工智能化的是产品设计。人工智能通过对同一图案的自动变形，按照色彩协调规则，模拟协调性的规律，可以进行自动调色。同时，计算机视觉算法能够从原有时装表演视频中估算骨骼运动数据，并将这些数据转换为3D姿态模拟（图10-1）。

在2016年之前，传统纺织服装企业的管理者仍习惯于通过提高自动化水平提高生产效率，或者通过图像识别检测产品缺陷与假冒商品等固有做法，人工智能技术中的创造性潜力尚未得到充分开发。2017年，由中国纺织信息中心和国家纺织产品开发中心基于中国应用色彩体系和中国纺织面料流行趋势研究与发布体系开展深入研究，发布了一款人工智能色彩流行趋势分析和应用指导产品AI Color Trend。这款产品在移动端开启了以色彩为逻辑，专业关联国际四大时装周、服装品牌和中国流行面料的色彩应用分析大数据系统。同年，电商平台唯品会联合腾讯QQ空间在纽

硬件设备企业
提供基础设施，如传感器、芯片、机器人等硬件

技术提供商
专注于某个特定人工智能技术，如计算机视觉、自然语言处理、机器学习等技术

系统集成商
把在生态圈内的每个角色和环节联系起来

初创企业
在人工智能领域提供高度专业化和有针对性的解决方案

咨询公司
提供必要的专业知识和指导来协助企业的人工智能数字化转型

网络服务商
链接海量设备终端和用户

大学研究院
对人工智能进行研究并不断带来突破性创新

监督机构
出台相关政策监管市场

图 10-1 以技术平台模式为主导的人工智能
图片来源：德勤咨询《制造业+人工智能创新应用发展报告（2021）》。

约时装周发布《AI+时尚：中国95后流行色报告》，向世界彰显中国95后自我独立的时尚态度。2020年，受新型冠状病毒肺炎疫情的冲击，时尚产业开始以科技赋能主动拥抱数字化转型，行业全面推行数字化设计、制造、销售与展示。2020年6月，特步与微软小冰宣布达成合作，依托微软小冰人工智能创造技术共同推出定制化服装设计生产及零售平台，为消费者提供定制化图案设计，满足个性化需求。2021年，同样依托人工智能小冰框架，万事利丝绸与小冰公司共同打造的"西湖一号"AI时尚设计师正式上线。依靠人工智能洞察消费者的内心，基于每位消费者的性格特征和穿搭需求从0到1进行定制化设计及制作生产，"西湖一号"AI时尚设计师上线9天即为近万名消费者设计了独一无二的艺术丝巾，受到市场的热烈欢迎。

二、人工智能对于时尚产业的重要意义

人工智能对于时尚产业具有重要的现实意义。宏观层面上，基于AI技术的大数据分析成果可被用作纺织服装行业发展的决策参考，贯穿整个产业的运行、结构优化和制度变革。微观层面，人工智能技术的应用全方位提升了时尚产业价值链，使其在产品设计与定价、流行趋势预测、品牌战略分析等多个维度帮助企业构建高效的供应链和品牌运营管理的网络，降低运营成本，实现管理快速化、敏捷化、柔性化。

（一）人工智能技术提高了时尚制造的生产效率

时尚制造业的智能化升级可以分为四部分。第一，生产过程智能化，包括机器智能化、机械智能化、设备智能化，采用机器人，运输部分的智能化；第二，企业运作智能化，包括企业成本核算、资本计算、金融管理等；第三，产品设计智能化；第四，产业链接智能化。当前，时装制造商正在创造新的人工智能应用，以帮助提高制造过程的效率并辅助人类员工。一方面，人工智能系统被用于发现织物中的缺陷，以确保服装和原始设计的颜色相匹配。另一方面，基于计算机视觉的人工智能技术能够提高服装生产质量，保证流程更加简化。

（二）人工智能技术精确了市场需求预测程度

伴随时尚消费升级所带来的用户需求多元化、电商运营能力全面化以及用户时尚偏好大数据化，由市场决定时尚产品走向的"Consumer to Fashion（C2F）"模式成为大势所趋。在传统营销模式中，服装零售商通常会根据上一年的数据估算当年的销售额，但经过市场检验，这种估算方法无法避免由客观因素突变产生的误差，而基于人工智能技术的实时预测能够有效将这种误差降低50%。这对于时尚零售商的售前营销判断至关重要，即通过人工智能判断重点需求，从而进行更实时、精准的广告投放。全球领先的时尚集团已经开始通过AI技术和大数据更好预测出消费者的购买行为。有数据显示，接近50%的消费者在潜意识里受到AI的影响，不自觉地提高了对时尚品牌的好感度。人工智能的应用，例如，个性化推送和自动执行订单等功能，同样提高了消费者对时尚品牌的信任感。

同时，基于人工智能提供的丰富数据，零售商可以通过定制的产品和定价策略来满足每个客户和细分市场的需求。这些预测数据是业务做决策时的核心参考，即便单次的预测并不是100%准确，但是建立人工智能技术的基础上，多次使用预测模型可以不断纠正偏差，将输入数据和结果指标结合起来，创建预测机制，接着使用新的销售数据，作为对原来预测模型的反馈与修正，这样循环，最终使用系统进行推理的准确度会越来越高。

三、人工智能作用于时尚产业的具体表现

（一）人工智能对高校人才培养的创新推动

当下，人工智能技术对时尚设计领域最深的影响莫过于辅助设计师进行潮流预测和通过数据计算为产品提供新的灵感和设计思路。这对时尚设计从业者提出了更高要求，即设计师除了具备基本的创意思维和审美技能外，必须掌握一定的数据分析反馈能力，将人工智能技术的产出成果应用到产品设计的实操层面，并且经过市

场检验这种人脑与电脑的结合产物是可持续的。行业内的巨大变革反哺了时尚设计领域人才培养的模式创新。例如，北京服装学院在艺术与科技、设计学科与工科方面进行探索，延伸了一批具有独特创意的学科方向，如国家级"艺工融合应用型现代服装高级人才培养模式创新试验区"、面向互联网人工智能的"虚拟现实服装设计"学科方向、设计学与材料学融合的智能可穿戴设计方向、面向时尚产业"艺商融合"的数据可视化设计方向等。功能性服装研发，如智能可穿戴设备、智能头盔以及智能变形材料的课程设计，为老年人研发的智能服装，虚拟服装模特。东华大学在2020年新增人工智能专业，以信息科学为基础，交叉计算机、纺织等学科，以新工科2.0人才培养为目标，确立了智能技术与信息技术有机结合的人才培养模式。

（二）人工智能对时尚制造流程的优化

一是在生产层面。当前纺织服装生产模式正朝着小批量、多品种、变化快、交货快的趋势快速发展，运用AI物理引擎对服装进行动态物理分析，高精度还原服装真实穿戴效果，根据模拟效果直接确定服装样板，节省了传统服装生产模式中制作样布、样卡的时间和材料成本。二是在质量检测方面，用人工智能的机器视觉检测代替人工对纺织品进行质量检测，可以实现人工检测疲劳和主观性所带来速度、精度下降的问题，解放生产力，解决劳动力成本增高的问题。三是在供应链层面，人工智能技术的应用能加速物流及提高供应链效率，降低运输成本和运输时间。

（三）人工智能对时尚零售新场景的重塑

在5G时代，时尚用户的行为数据被AI化并开始指导生产过程，而真正有价值的用户数据基本都来自特定线下场景的用户交互行为，交互场景越丰富越能反映用户的时尚消费心态。因此，人工智能不仅是一个机器，对于时尚零售商来说更是一个助手，通过AI技术提升感官，重塑零售运营场景与消费场景。具体表现为以下两点。

1.试装场景的智能化

当前，基于人工智能技术的消费场景变革表现为几种形式，一种是采用智能衣橱的方式，通过识别用户日常风格、天气、穿着场合等，在衣橱中现有的衣服里选择搭配；一种是通过收集用户的个人特征、结合购物记录及在社交网络上给明星或网红穿搭点赞的数据，帮助用户找到最适合的穿搭产品；还有一种是在线下场景中，以AI识别新老客户，帮助店铺统计每天来的客流量、性别、年龄分布等，帮助导购进行精准的推荐服务。

2.运营场景的智能化

时尚企业零售端运营场景的智能化，在一定程度上得益于计算机处理能力的提高和算法开发方面的创新。时尚企业通过运营结果分析做出决策判断的主要依据在于数据的清洗，即以历史数据的分析建立模型，基于当前环境数据进行预测，系统获知后反馈数据调节预测的精准度。

四、未来人工智能与时尚产业的融合发展趋势

中国工程院院士潘云鹤认为：时尚创意的一个重要内容就是时尚业态的智能化转型。时尚产业业态经历了两次发展浪潮，第一次是专卖店浪潮，第二次是网络销售浪潮。在第二次浪潮中，虚拟试穿的技术已经兴起，不仅可以仿真人和衣服的关系，还能仿真人在运动时候衣服的情况。在数字经济下，未来纺织服装产业将能否将数字技术转化为现实生产力是我国时尚产业能否建立新的创新优势的关键所在。

（一）人工智能在时尚产业细分领域的应用将更加广泛

当前，人工智能已经逐渐渗透至艺术、文学、设计等原本被认为无可取代的领域。未来，随着人工智能技术的成熟，其与时尚产业的融合会更加紧密。

1.人工智能为时尚产业提供的决策内容将变得多样化

除了提供定制化的设计制作服务以及更精准的行业预测外，基于数字经济背景的人工智能技术有能力挖掘更大的消费者潜力，并通过产品推荐、动态定价等方式，不断调整并改进与行业供应商以及消费者之间的关系。例如，构建一个自动化的计算机程序，虚拟聊天机器人，根据消费者提出的问题管理对话，实时互动并根据兴趣提供相应的答案。

2.人工智能对时尚制造业的质量控制场景将无限拓展

传统意义上，服装制造企业的质量控制场景主要集中在缺陷产品检测环节，但人工智能将逐渐渗透扩展至制成环节的工艺优化场景，通过相关的算法工具找出质量与变量之间的关系，对关键工艺步骤的数据进行感知分析，并在制造完成之前发现失误根源，采取行动改善工艺，从根源提升优良品率。

3.人工智能将为时尚产业生态圈带来更多的参与者并打破地域的物理边界

未来，在人工智能的驱动下，时尚设计端、制造端、营销端的体系将逐渐庞杂，信息源的不断增多促使供应链、物流和销售体系的协同效应增强，时尚企业在数字化转型过程中，将利用数字化面料直接生成数字样衣，打破工厂和品牌异地的时空局限，极大提高信息交互和沟通效率。

（二）人工智能将为时尚产业构建互联网智能协作的"共享工厂"

未来，在数字经济背景下，基于人工智能技术的"产能共享、工厂共享"的新

型生产方式将在我国不断推广。因此，会有更多的时尚企业以组团方式建立"虚拟联合工厂"，统一线上接单，集中设计、打样，再根据每家工厂的产能动态分配单量，共享生产加工信息，统一调度、统一调剂，实现标准化、自动化、智能化改造，实现"制造"与"数字化"的高度融合。通过建立共享工厂的云平台，在全球范围内，依靠行业、区域核心企业或者企业群体的综合优势，将更加灵活、快速响应市场需求。

同时，依托于网络协同制造的"共享工厂"将有能力构建面向特定消费需求的网络制造系统，突破企业对于生产方式的限制，实现纺织服装制造企业各环节的纵向集成和供应链环节的上下游横向集成。

（三）人工智能将为供应商和零售商提供的充足储备

未来，人工智能驱动的需求预测工具将逐渐解决传统纺织服装行业的库存储备难题。人工智能技术应用相关算法，在给定工单、可用资源、约束条件和公司目标等多重条件下，生成最佳生产计划。当新的信息和数据加入后，系统可以运行大量假设任务并发现最优计划。当判断由于物料不足与产能不足而导致订单交付延迟或取消，解决方案会根据采购清单进行最有效的采购推荐。此外，人工智能将在时尚供应链的每个阶段提供更快的速度、更低的成本和更高的灵活性。人工智能有潜力推动预测、服装产能规划和销售等领域的改进，以及生产自动化和交付方面的改进。

（四）人工智能将为时尚消费者创造更灵活的客户体验

随着人工智能技术的成熟，时尚产业的高端定制将迎来爆发期。人工智能通过自动化产品标签可以帮助消费者在每个产品属性上分析市场表现，不仅可以了解性能良好的产品，还能了解颜色、印花、袖子、领口等细节属性，帮助品牌率先推出可能成为主流趋势的款式。因此时尚企业要抓住这一技术，多与消费者互动体验，通过这一过程反映出的数据能够更精准地指导品牌和企业优化成本，进行设计和管理，生产出更为贴合消费者喜好的产品，提供更加人性化的服务，形成良性循环。目前，全球流量最高的奢侈品电商网站 Farfetch 已经开始使用人工智能为客户提供体验式服务。如顾客进入商店时自动识别顾客，设置智能数码显示屏让其比较产品规格、颜色、风格和商品组合的特点。这种供给端的变革将促进时尚消费者的意识觉醒，与时尚产品的生产者共同探索 AI 技术与服装制造零售业跨界合作的新模式和技术赋能产业的新场景。

（五）人工智能不会彻底取代"人"对时尚产业的贡献

尽管有研究表明，人工智能可能取代 30% 的时装设计师工作。以电子商务巨头亚马逊（Amazon）为例，该公司基于强大的算法，推出了第一个由人工智能驱动的服装设计师。但无论是机器学习的过程，还是对数据结果的筛选，归根结底还是由设计师和企业管理者来决策。正如中国纺织工业联合会会长孙瑞哲所言："人工与智能，不是一个对立体，应该成为一个统一体。人的智慧也是对人工智能基础的赋能。"

从长远来看，人工智能确实会取代时尚行业一些现有岗位，但同时会增加一些新的岗位。人工智能与纺织服装行业传统手工或机器生产在两个领域相交的空间里相互融合成为当下时尚产业最新的挑战。但我们需要认识到，传统服装企业的数字化变革不是一蹴而就，人工智能作为辅助渗透到产业链各个环节，起到的是叠加而非替代作用。例如，高级定制企业的重要价值是传统手工而非数字化。可以预见的是，人工智能与传统人工的竞合关系将会持续很长一段时间，但对于时尚产业价值链提升提供了无限机遇，即时尚企业要考虑的不是与人工智能去竞争，而是如何用好这些技术为产品服务。

（刘雅婷　北京服装学院时尚研究院）

参考文献

[1] 程谷萍.数字化营销在金融领域的服务应用探析[J].中国市场，2016（9）：16–17.

[2] 邱奇.基于多Agent系统的企业组织学习研究[D].北京：北京交通大学，2009.

[3] 邓文红.基于知识管理的办公系统智能化研究[D].成都：西南交通大学，2014.

[4] 阚玉叶.人工智能实现完全意向性何以可能——人机融合智能：未来人工智能发展方向[J].自然辩证法研究，2022，38（9）：55–61.

[5] 赵一蔚.浅议人工智能在时尚设计产业中的前景与应用[J].明日风尚，2019（15）：47.

[6] 杨洁.人工智能赋能时尚产业业态创新研究[J].纺织导报，2021（8）：78–81.

[7] 张桂丹.人工智能将为时尚带来一场革命[J].中国纤检，2019（1）：124–125.

[8] 洪俞.智能制造背景下宁波时尚产业的转型路径研究[J].宁波经济（三江论坛），2021（12）：13–15.

第十一章　智能制造与绿色生产背景下的纺织工业发展

纺织工业作为我国兼具重要民生与国际竞争优势的产业，全产业链的快速发展极大丰富了时尚元素载体，是时尚与人民生活最直接、最紧密的表现与结合。我国纺织工业产业规模连续多年稳居世界第一，当前已基本实现了纺织强国的目标。然而近年来，随着我国劳动力成本持续上升、制造业低成本优势逐步消失，东南亚国家的劳动力优势越渐凸显与国际贸易环境更加优越，我国纺织工业部分低附加值业务向以东南亚为主的国家转移。新型冠状病毒肺炎疫情暴发以来，国际逆全球化与产业安全顾虑凸显，全球产业链分工布局呈现了逐渐加速的脱钩倾向，进一步影响了我国纺织产业的发展与转移。"十四五"时期，在新的起点明确了行业在整个国民经济中的新定位——"国民经济与社会发展的支柱产业、解决民生与美化生活的基础产业、国际合作与融合发展的优势产业"。基于此，以科技进步为导向的智能制造与绿色生产重要性更加凸显。

一、纺织智能制造与绿色生产国际发展趋势

（一）发达国家纺织工业智能制造趋势与发展

1.各国加强对智能制造的前瞻性布局与顶层设计

近年来，美国、欧洲等主要发达国家持续推进"再工业化"进程，纷纷制定本国工业发展规划，抢夺制造业高地。各国战略方向大致相同，均致力于提升制造业在国民经济中的比重，维持本国制造业在全球或区域制造业版图中的领导或领先地位，提高制造业岗位的就业规模和收入，使制造业成为解决就业、促进地区繁荣的基础。美国重视强化全球先进制造业的领导力，美国白宫在发布的《美国先进制造业领导力战略》中提出"实现美国在各工业行业保持先进制造业的领导力，以确保国家安全和经济繁荣"的总目标，并从新技术、劳动力、产业链三个维度来确定三大分目标。德国重视强化技术和工业领域的领导力，偏重先进技术研发和制造能力提升。德国工业战略总体目标是在技术和工业方面确保德国维持或重新获得在欧洲和全球的领导地位，并在关键的技术技能方面、重点工业领域方面加大投入和支持力度。包括德国《工业4.0战略》及《国家工业战略2030》，提出到2030年德国工业增加值占GDP比重提高至

25%，占欧盟国家比重提高至20%的具体目标。英国倾向于制造业领域的科技和商业创新能力，重视通过创新提升盈利能力。其发布的《工业战略——建设适应于未来的英国》为实现到2030年英国发展成世界上最具创新力的国家，从劳动生产率、盈利能力和创新能力三个角度出发，从重视研发投入、重视基础设施建设和重视营商环境三个维度实施。除此之外，法国也推出了《未来工业计划》与《工业版图计划》、意大利推出了《"工业4.0"计划》、日本推出了《制造业白皮书》，这些发布的新工业战略顶层设计，从不同角度鼓励智能制造与科技创新，通过投资项目、科研补贴、税收政策等方式，促进产业升级回流，引领未来发展。

2.国际纺织智能制造趋势与发展

在先进制造业顶层设计与新科技革命、新工业革命不断创新发展等多重因素影响下，美国、日本、欧盟等发达国家和地区凭借其在互联网、计算机、工业大数据、工业机器人、增材制造、信息物理系统、虚拟现实、人工智能等技术领域的综合优势，在以纺织工业智能制造为代表的新一代纺织工程科技创新中占据主导地位，处于领先水平。

（1）纺织产业智能制造支撑技术快速发展，信息物理系统技术得到深入应用。日本、美国、欧盟等发达国家和地区大幅度地对现有的制造过程进行优化，企业建立全球化网络，并将机器、仓储系统和生产设施都纳入信息物理系统中，给企业的制造、工程、材料使用、供应链、生命周期管理等带来根本性改进。"物联网"将产品、机器、资源和人有机联系在一起，推动各环节数据共享，实现产品生命周期和全制造流程的智能化。国外已研发出多种纺织工艺参数在线监控技术和装置。

（2）纺织装备智能化取得新发展，纺织产业全流程数字化、智能化、网络化全面推广。欧美发达国家在纺织加工数字化、智能化、网络化等方面采用组合技术，实现纺织流程中基于物联网的监控，以及高精度控制与快速柔性反应，保证纺织产品加工质量的恒定性，为个性化快速定制奠定基础，同时降低纺织企业人力成本，推动纺织工业在时间和市场的广阔空间争取效益。

（3）纺织品增材制造投入实际应用。欧洲的纺织品增材制造技术已经有所突破。服装增材制造技术配合3D人体测量、计算机辅助设计、计算机辅助工艺过程设计等技术，将实现智能化的"单量单裁"，量身定制满意的衣服。例如，在2022巴黎时装周Coperni大秀的结尾，两位工作人员拿着喷枪在超模身上直接喷出一条礼服。实际是将含有棉材质与合成纤维的液体喷涂在人体身上，通过聚合物溶液蒸发，涂层得以脱离皮肤从而独立成衣，体现出面料一般的质感。

（二）发达国家纺织工业绿色制造发展趋势

1.各国对绿色制造的前瞻性布局与顶层设计

气候变化作为国际社会普遍关心的重大全球性挑战，各国积极制定能源转型战略、低碳政策规划与绿色金融计划等，不断引导推动绿色低碳科技创新和高质量发展。

美国发布与通过了包括《美国优先能源计划》《碳负增长计划》与《美国确保供应链安全以实现强韧清洁能源供应转型战略》等一系列计划与法案。当前美国将能源战略重点放在清洁能源革命上，而将能源与气候问题挂钩是拜登政府能源战略的重要方向，推动国会两院通过《基础设施投资和就业法案》，直接向能源领域投资达到约620亿美元，之后美国能源部宣布新设两名副部长以负责部署清洁基础设施与基础科学及清洁能源创新，从而实现在2035年前实现美国无碳电力于2050年实现零排放的整体目标，此外，美国政府目前的能源战略重点还力主在清洁能源领域降低对外依赖。

德国作为制造业最发达的国家之一，能源战略具有自身鲜明的特色，其总体转型战略是提高能效、弃核弃煤与发展可再生能源的同时积极推动节能减碳。德国通过《可再生能源法》《气候行动计划2030》《能源紧急计划》等一系列法律规划，在2035年100%实现可再生能源发电，从而大幅度降低一次性能源消耗，提高太阳能和风能等可再生能源项目的推进速度，并将可再生能源确立成未来绝对主导能源，旨在推动到2050年，其可再生能源消费占比达到60%，可再生能源发电量的占比达到80%。而日本的能源战略则具有鲜明的国家特色，开发新能源、推进能源供给的多元化及以科技进步来提高能源使用率始终贯穿其核心。通过包括《2050碳中和绿色增长战略》《全球变暖对策推进法》和《清洁能源战略》等不断优化能源结构，致力于提高能源独立水平，在坚持能源供给来源多元化的同时，格外强调能源独立，降低对外能源依赖。同时，努力发展清洁能源，寄希望于在脱碳能源的发展中发挥主导作用（图11–1）。

英国
2011年《能源安全战略》
2021年《国家氢能战略》
2020年《绿色工业革命十点计划》
2020年《能源白皮书：赋能净零排放未来》
2018年《CCUS行动计划》

欧盟
2022年《"REPowerEU"能源转型计划》
2021年《"减碳55%"一揽子计划》
2021年《欧洲气候法》
2020年《欧盟氢战略》和《欧盟能源系统整合战略》
2019年《欧洲绿色协议》

德国
2022年《能源紧急计划》
2020年《国家氢能战略》
2019年《气候行动计划2030》
2019年《电网行动计划》
2017年《可再生能源法》

美国
2022年《通胀削减法案》
2022年《美国确保供应链安全以实现强韧清洁能源供应转型战略》
2021年《"碳负增长"计划》
2020年《氢能计划》
2017年《美国优先能源计划》

西班牙
2021年《气候变化与能源转型法案》
2019年《国家综合能源与气候计划
（2020—2030）》
2017年《2017—2020年国家能源效率行
动计划》

法国
2022年《法国能源计划》
2020年《国家氢能战略》
2019年《能源与气候法》
2015年《能源过渡法案》

日本
2022年《清洁能源战略》
2021年《全球变暖对策推进法》
2020年《2050碳中和绿色增长战略》
（2021年更新）
2019年《氢和燃料电池技术发展战略》
2019年《碳回收技术路线图》（2021年
修订）

澳大利亚
2021年《氢气源头保证计划》
2021年《澳大利亚整体经济长期减排计划》
2015年"大型太阳能战略"
2015年《国家能源生产率计划》（NEPP）

图 11-1　发达国家绿色制造计划与战略

2.国际纺织绿色制造趋势与发展

绿色转型已成为全球产业发展的新时尚，绿色可持续发展理念广为被全球消费者接受。全球消费品从研发、设计再到生产、流通等各个环节都在向着绿色方向转变。绿色与可持续发展正成为构筑产业的未来话语权与核心竞争力的重要方向。

当前，全球服装销售每年超过1000亿件，全球纺织品和服装纤维用量每年超过9000万吨，资源化回收率仅13%。因此全球纺织服装品牌纷纷将践行绿色发展作为品牌社会责任的重要环节。ZARA从2016年秋冬系列开始，特地做了一条环保线，2017年夏天加入了再生亚麻面料。H&M宣布到2030年将实现100%使用再生及其他可持续能源材料。优衣库和东丽集团2019年宣布共同开发使用源自回收塑料瓶的再生聚酯纤维制成衣物，而优衣库也从2020年首次推出使用再生聚酯纤维的DRY-EX速干衣以来，再生面料商品的品类和数量逐年增加。Nike在2019年发布了「MOVE TO ZERO」计划，宣告在2025年之前将100%使用可再生能源来为自有自营设施供能，在2030年之前，Nike将在其全球供应链中减少30%的碳排放。此外，Burberry、GAP等品牌也加入了由Ellen MacArthur Foundation（艾伦.麦克阿瑟基金会）发起的循环时尚计划，旨在通过回收原材料和产品来减少全球时尚产业的浪费现象（图11-2）。

图 11-2　循环时尚计划

二、我国纺织智能制造与绿色生产趋势与方向

（一）我国纺织工业智能制造趋势与方向

1.我国纺织智能制造发展趋势

制造业是国民经济的主体，是立国之本、强国之基。我国制造业通过《工业转型升级规划（2011—2015）》《2006—2020年国家信息化发展战略》《国家中长期科技发展规划纲要（2006—2020年）》等相关规划目标的实施稳步持续推进先进制造发展与夯实基础。进入新时代以来，通过《中国制造2025》实施制造强国战略，为我国建设创新型国家提出了一系列国家战略目标导向与要求。此外，工业和信息化部与国家标准委联合印发的《国家智能制造标准体系建设指南（2021版）》，也从智能制造系统架构、总体要求、建设思路、建设内容、组织实施5部分内容发挥基础共性标准和关键技术标准的指导和支撑作用，进一步推进与完善行业智能制造标准体系，为广泛推动智能制造奠定基础。

我国纺织工业的产业规模稳居世界第一，纺织全产业链中部分环节已经达到国际先进水平。当前我国的纺织工业正加速与新一代信息技术、自动化技术、现代管理技术与制造技术相结合，贯穿设计、生产、管理、服务等制造活动各个环节，实现数字化设计、生产、装备和管理技术的开发和应用，并在此基础上实现技术的集成创新，持续提高纺织制造企业的整体综合竞争力。

2.我国纺织智能制造的行业需求

在传统纺织工业生产制造过程中，存在着大量复杂操作与不同工艺，需要依靠人工操作才能完成，而且由于纺织车间温度与湿度高且噪声大、工人重复劳动多，强度大，目前行业存在招工困难——年轻人不愿意到纺织企业尤其是一线生产车间工作。此外，从2020年开始，自欧美等发达国家纷纷实施"再工业化"战略，就陆续出现了一些国外知名品牌企业将其在国内的纺织服装生产企业转往国外，由此导致了东南亚国家如越南、孟加拉国等地近年来出口维持在较高增速，与此同时，在我国要素成本持续上升的形势下，部分国内企业也在全球范围布局建厂（表11-1）。而未来行业维持国际竞争优势，避免产业空心化则必须通过智能制造的创新与应用，通过降低劳动强度和改善工作环境。实现纺织制造技术与装备的自动化与智能化，是推进纺织行业转型升级的关键，也是未来提高行业竞争力与吸引力的重要途径。

表11-1　国际服装出口份额与增长率

国家/地区	2020年出口额（亿美元）	市场占有率（%）	2011—2020年增长率（%）	剔除2020年的增长率（%）
中国	1415.87	31.5	−0.8	1.6

国家/地区	2020年出口额（亿美元）	市场占有率（%）	2011—2020年增长率（%）	剔除2020年的增长率（%）
欧盟	1254	27.9	1.2	3.7
越南	281	6.3	7.9	11.5
孟加拉国	275	6.1	3.6	8.3
土耳其	154	3.4	1.0	2.5
印度	130	2.9	−1.2	4.3
马来西亚	98	2.2	7.9	3.9
中国香港	82	1.8	−10.3	−6.5

数据来源：世界贸易组织（WTO）。

3.我国纺织智能制造重点方向

当前纺织行业市场环境呈现出更加明显的复杂化、激烈化和动态化特征，为了更加及时跟踪市场变化，把控纺织品质量和满足纺织服装的个性化时尚需求，适应纺织产品"小批量、多品种、高质量、快交货"的市场快速反应机制，我国纺织智能制造重点发展方向应主要包括智能化装备及技术、纺织智能工厂/车间与智能化纺织管理平台等领域。

发展智能化装备及技术主要包括智能化单机、粗细络联等产品自动转运系统、化纤生产在线智能检测系统、天然纤维及其纺纱的质量检测系统、自动穿经设备、立体经轴转运系统、立体成型编织设备、印染数字化监控系统、智能染判系统、一体化缝纫系统等自动化、数字化控制、实时在线监测和自适应控制的关键装备，以切实提高劳动生产率与实现柔性制造。

纺织智能工厂/车间则重点发展基于大数据、人工智能和工业互联网平台等新一代信息技术，建设和推广化纤智能工厂、车间无人值守环锭纺智能工厂、短流程纺纱智能工厂、智能化全流程机织生产线、针织数字化车间、印染数字化网络化工厂、非织造布全流程智能工厂、服装和家纺的智能工厂。

智能化纺织管理平台主要针对服装、鞋面、家纺产品或面料等纺织产品的需求，整合供应链、设计、生产、销售相关的全部环节，实现需求与供给的动态平衡，实现定制化产品的规模化运作。

（二）我国纺织工业绿色制造趋势与发展

1.我国纺织绿色制造发展趋势

我国力争2030年前实现碳达峰、2060年前实现碳中和，是党中央经过深思熟虑作出的重大战略决策，也是推动经济转型升级，绿色发展的内在需求。在我国的《中华人民共和国国民经济和社会发展第十四个五年规划和2035年远景目标纲要》中提到构建生态文明体系，促进经济社会发展全面绿色转型，并在中国共产党第二十次全国代表大会上提到推动绿色发展，促进人与自然和谐共生。在工业和信息化部的《"十四五"工业绿色发展规划》中，提到推动传统行业绿色低碳发展。加快钢铁、有色金属、石化化工、建材、纺织、轻工、机械等行业实施绿色化升级改造。纺织产业作为我国国民经济与社会发展的支柱产业，具有产业链条长、能源结构复杂等特点。据统计，2019年纺织产业能源消费总量达1.07亿吨标准煤，占到制造业的4%，在制造业细分的31个门类中，纺织业能源消费位居第6位。

工业和信息化部等部门在《关于加强产融合作推动工业绿色发展的指导意见》中提出针对汽车、纺织、家电等产品的生产消费、周期更新、回收处理与再利用，大力发展基于"互联网+""智能+"的回收利用与共享服务新模式，在《关于产业用纺织品行业高质量发展的指导意见》中提出围绕碳达峰、碳中和战略目标，制定节能降碳行动方案，制定纺粘、水刺、针刺等非织造布领域节能减排和清洁生产评价指标体系，降低行业能耗水平。中国纺织工业联合会在《纺织行业"十四五"发展纲要》中明确了纺织行业的绿色发展目标，工业能源消耗、二氧化碳排放量分别降低13.5%和18%，同时强调大力发展节能减碳重点工程。在"时尚产业气候创新2030行动"中，提出将探索符合中国特色的高水平保护、高质量发展、高效率协同发展路径，加快推动形成产业、社会、生态与经济发展的良性互动格局。

2.我国纺织绿色制造的行业需求

我国作为全球最主要的纺织工业生产国与重要纺织服装消费市场，在大规模生产与消费过程中存在大量的纺织废料，包括生产过程中的下脚料、边角料、废纱废丝、碎料布片以及日常生活中产生的废旧衣物和其他废弃纺织品。这些废弃纺织品或被焚烧，或被填埋，既浪费资源又造成环境污染。此外，在纺织品的印染整理环节，行业年消耗各类染料及颜料60多万吨、助剂170多万吨，未被有效利用的染料和助剂随废水排放，对环境造成了较大的压力，同时，如何减少纺织印染行业对化学品及水资源的使用和排放，对提高纺织全行业的清洁生产水平，也是纺织工业可持续发展的关键所在。

3.我国纺织绿色制造重点方向

绿色发展不仅成为国际纺织供应链采购决策和布局调整的现实影响因素，也将是纺织产业国际竞争力和话语权的重要来源。纺织科技持续创新突破，为行业破解绿色发展约束、构建可持续发展路径提供坚实支撑。我国纺织绿色制造重点发展方向应主要包括研发推广先进绿色制造技术、水效提升与污染防治及资源循环利用等方向。

研发推广先进绿色制造技术是以绿色技术驱动生产各环节降低污染物产排量为核心，持续推动污染防治。引导企业在生产过程中使用无毒无害或低毒低害原料，加强有毒有害化学品替代技术开发，从源头入手，削减或避免污染物的产生。推进行业能源结构绿色低碳转型，因地制宜推进清洁可持续能源，如太阳能、风能等作为补充能源，推动行业碳排放强度下降。加强行业生产环节中资源的综合利用，推广废水废气中热能、水资源、染化料等的回收利用技术。

水效提升与污染防治，研发推广非水介质染色、针织物平幅连续染色、涤纶织物少水连续染色等节水印染加工技术。进一步推广化纤机织物连续平幅前处理、针织物连续平幅前处理、小浴比间歇式染色、分散染料碱性染色、高牢度涂料印花等技术。推进废气废水治理与循环利用，鼓励纺织企业加大中水、再生水等非常规水资源开发力度。

资源循环利用则可通过再生原料生产，包括建设再生涤纶规模化生产线、进一步提升化学法再生涤纶产能和瓶片直纺再生涤纶长丝试点示范等。在废旧纺织品再利用方面重点突破化学法再生聚酯产业化与规模化技术。

三、我国纺织智能制造与绿色生产的重点攻关装备

（一）纺织智能制造重点攻关装备

纺织装备是纺织工业的装备技术基础，涵盖了从纤维制备、纺织品加工、纺织终端产品生产的所有加工设备，一般分为化纤机械、纺纱机械、织造机械、针织机械、染整机械、非织造机械、服装机械、纺织仪器与器材八大类，具有科技含量高、品种繁多、性能各异、连续运转的鲜明特点。在纺织行业推进智能制造，必须以纺织装备为重点，推进纺织装备、产品、生产过程、制造方式，以及管理、服务等的全方位智能化，从而进一步提高纺织品加工的自动化和智能化水平，有效推动我国纺织装备转型升级，实现企业生产过程提质增效，增加产品生产附加值，加强企业竞争力。

（1）重点攻关纺织智能装备，包括化纤长丝集约式高速卷绕装备、全自动转杯纺纱机、清梳并联合机、喷气涡流纺纱机、高速无梭织机、自动穿经机、一次成型纬编机等关键单机，开发高速精密卷绕系统、智能纺纱管控系统、针织立体成型控制系统、织机智能控制系统、纺织智能物流系统，电子清纱器、槽筒、织针、电子多臂、开口装置等基础零部件，打破国外技术垄断，推动纺织产业高质量发展。

（2）重点攻关纺织专用机器人，包括纺织接头和挡车机器人，自动识别、自动

抓取、立体缝制和织物拼接缝合等服装家纺专用机器人等，有助于提升纺织服装全流程生产效能，提高产品质量及稳定性，促进纺织服装加工实现连续化、自动化、智能化，加快我国纺织服装产业从劳动密集型向科技密集型转变。

（3）重点攻关纺织智能检测系统，包括智能染判装备与系统、纺丝生产在线智能监控系统、纺织面料在线质量检测与瑕疵识别标定系统、纺织智能制造在线监测器件和专用传感器，为纺织智能制造生产起到基础支撑和保障作用。

（4）重点攻关并推广基于5G技术、工业互联网和人工智能等新一代信息技术的纺织智能工厂。由于各纺织装备的数据格式、硬件接口和通信协议还不能相互兼容，缺乏互联互通，我国在纺织生产制造（特别是离散制造环节）的智能化能力仍不能满足生产需要。重点攻关与推广纺织装备互联互通、远程运维、网络协同制造和大规模个性化定制的设备互联技术，助力加快形成纺织企业（园区）智能制造新模式。

（5）重点攻关纺织机械制造的智能化技术与装备。加强纺织机械制造企业自身的智能化改造，重点攻关精密加工设备、MES系统和专用生产线等，提高智能制造水平、基础件的加工精度和表面质量，以适应智能制造对高端纺织装备和高性能专用基础件提出的更高要求。

（二）纺织绿色制造重点攻关装备

未来我国绿色制造装备发展的攻关目标是突破可再生纤维成套设备、废旧纤维回收与再生设备及绿色印染生产加工设备等。

（1）重点攻关单线2万吨非原纤化新溶剂法纤维素纤维成套装备和单线3万吨新溶剂法纤维素纤维成套装备。其中重点攻关交联固化联合机等非原纤化纤维专用设备、预混合机、蒸发溶解机和大容量干湿法纺丝机等关键单机，高效薄膜蒸发等技术，高黏度齿轮泵和喷丝板等基础零部件，打破国外垄断，推动纺织原料绿色化发展。

（2）重点攻关废旧聚酯纤维及纺织品高效再生制备技术与装备。其中重点攻关真空连续除氧干燥设备、解聚反应器、全自动反冲洗过滤器、连续离心机和多相高温氧化装置等关键单机，废旧聚酯纺织品化学法连续再生等技术。发展废旧纤维及纺织品回收与利用技术与装备，开发消毒、分离、溶解、开松、混纤等关键技术与装备。建立棉、毛、聚酯、聚酰胺以及混纺废旧纤维资源化分级分类标准评价系统，开发棉、羽绒、羊毛等天然纤维制品的机械开松与分级技术设备、连续清洗与着色、天然纤维制品物理法再生专用装备与连续生产线，实现高值化高品质利用。攻关废旧羊毛、羽绒下脚料分离提纯与细化，废旧纤维素微晶化技术装备，实现规模化应用。建立能源主动管控、能耗预测和预测性维护等能源管理系统，建成规模化、智能化再生纤维生产线。

（3）重点攻关染整绿色成套装备。其中重点攻关高精度针织物圆网印花机、高速全幅宽数码印花机、针织物拉幅定形机等关键单机，开发自动调浆及染化料智能化配送系统和自动验布机及机器视觉系统等。攻关分散染料免水洗与少水洗染色印花技术装备，研究低分散剂含量液态分散染料制备关键技术和高固色率染色技术与专用装备，实现分散染料免水洗或者少水洗染色技术。进一步开发分散染料印花糊料体系与专用装备，实现分散染料的免水洗或者少水洗印花。系统研究活性染料无盐固色机理及织物、纱线和散纤维的活性染料无盐染色工艺及装备，从而提升我国染整装备的绿色化水平。

四、我国纺织智能制造与绿色生产的探索与实践

从我国推进智能制造与绿色生产的国家战略与行业规划至今，我国纺织工业作为市场化程度最高也是最具国际竞争优势的产业之一，通过众多企业在生产中的不断持续深化探索，在实践中提高了对智能制造与绿色制造的认识与理解，在不断改进与完善中为新时代纺织工业发展新模式取得了一定成效。

1.纺织智能绿色制造的探索与实践情况

我国纺织工业的生产制造领域涵盖了化纤制造、纺纱、机织、针织、非织造、染整、服装及纺织装备制造领域，当前，纺织工业在智能制造领域经过快速持续的探索与发展，已经有一定数量的企业形成了各自鲜明的特点，其中不少企业已实现产业化生产，纺织工业智能制造正在呈现由点向面突破发展态势。纺织工业绿色制造由于国内外终端市场接受程度不同与行业制造成本把握影响，目前还处于由下游品牌时尚企业主动引领，纺织全产业链积极推进的整体态势。

2.纺织智能绿色制造实例分析

（1）武汉裕大华全流程智能纺纱。武汉裕大华纺织服装集团有限公司成立于1990年，该公司投资建设了全流程智能纺纱示范工厂，应用了智能传感器、工业互联网、工业机器人、机器视觉、工业软件等关键技术，重点推动智能远程状态采集与维护、智能工艺装备及其两化融合下的实时精准管控、产品质量的在线智能精确实时监控、基于智能仓储和智能物流的精益配控等能力建设，建成智能纺纱装备群，并以网络化连通的生产线，形成具有纱线产品实时在线生产智能检测与分析、智能化仓储物流与服务化调度协同运行等特征的一套信息物流融合制造系统。构建"生产数据的自动快速采集及生产信息可追溯，以及信息流与物流协同管控"的管理系统，达到了快速响应的智能纺纱执行生产效果（图11-3）。

（2）浙江桐昆化纤行业智能制造。桐昆集团股份有限公司成立于1999年，该公

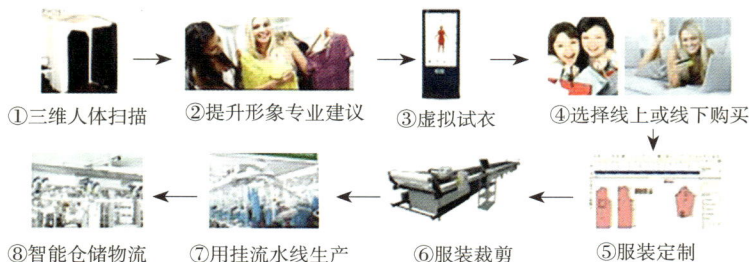

①三维人体扫描 → ②提升形象专业建议 → ③虚拟试衣 → ④选择线上或线下购买

⑧智能仓储物流 ← ⑦用挂流水线生产 ← ⑥服装裁剪 ← ⑤服装定制

图 11-3　武汉裕大华全流程智能纺纱车间

司通过引入智能机器人、自动化包装流水线、全自动立体仓库，实现了化纤行业智能制造新模式。在公司化纤完成生产后，丝饼从生产线自动落到推车上，用推车沿着轨道将丝饼送到包装车间，再通过机械手执行抓取—放—转身—再抓取等一系列动作，把丝饼放到包装流水线，经打包与贴标签，再自动送入全自动立体仓库。通过这一系列改造升级，可将一个年产量为30万吨的标准化车间，只用4台自动包装机器、12名包装工以及日常配备几名电气工程师负责维修保养，实现减员达到80%以上。

（3）山东康平纳印染行业智能绿色工厂。山东康平纳集团有限公司成立于1998年，该公司成功研制的筒子纱数字化自动染色成套技术与装备，实现了筒子纱染色从手工机械化、单机自动化到全流程数字化、系统自动化的跨越。其创建了全球首个年产2万吨标准化筒子纱智能染色示范工厂，将智能化技术从单一染色生产线延伸至产品开发、工艺制定、络筒等工段及原料、成品仓库等，实现了从胚纱到色纱成品全流程数字化、智能化生产，装备数控化率达到95%，染色一次合格率98%以上，与传统生产方式相比，节约用工80%，生产效率提高28%，与工业和信息化部《印染行业规范条件（2017版）》明确指标相比，吨纱节水70%，综合能耗降低45%。

（4）安徽红爱服装行业C2M智能制造新模式。安徽红爱实业股份有限公司成立于2005年，该公司通过服装C2M智能定制系统、智能协同中心、智能排产系统、智能裁剪系统、智能吊挂系统、智能分拣系统与智能仓储系统七个模块，形成了服装行业C2M智能制造新模式，实现了集成互联网技术、大数据技术、人体三维扫描、服装CAD等技术，对人体数据进行数字化，再利用智能化设备将定制数据生成服装，结合制造工厂实施全过程智能化改造，打造以个性化定制为主、批量生产为辅的智能化柔性生产线，实现服装个性化定制和智能制造相融合的创新模式（图11-4）。通过磨合与改进，公司实现了生产效率提高56%，运营成本降低26%，产品研制周期缩短40%，产品不良率降低60%，单位产值能耗降低37%。

（5）青岛前丰制帽智能制造新模式。青岛前丰国际帽艺股份有限公司成立于

图 11-4　服装行业 C2M 智能制造流程

1996年，该公司通过数字化单元式生产管理体系为主轴的精益生产制造系统为主干，以 PLM 和 MES 为主要平台，推进数字化产品开发和数字化工艺设计、制造，缩短开发周期，在开发、制造系统中推动数据化和信息实时共享，并依托大数据平台与 PLM 对接，依据用户体验的反馈完善产品设计。该公司以两化深度融合为基础建设数字化单元生产车间、实现用户与工厂的动态交互，以满足大规模个性化订单为目标，以给用户提供更完善的服务体验为中心，将用户个性化订单动态分解到工厂最小单元，配合高度自动化的生产线，搭建智能技术架构和标准，实现工艺、质量、能源、设备、生产、效率信息的收集和决策。公司在单元生产管理提升效果上，实现了设备互联、订单共享、保证作业质量、生产节拍可控，节省人力 5%～10%；质量良品率提高2%，达到99%；设备利用率提高10%，达到92%；生产效率提升10%，作业返工率减少2%，产品在线时间由16小时降到10小时。

（丛政　中国纺织机械协会）

参考文献

[1] 中国纺织机械协会. 中国国际纺织机械展览会暨ITMA亚洲展览会展品评估报告[M]. 北京：中国纺织出版社有限公司，2021.

[2] 梁亚滨. 美、日、德能源战略比较与借鉴意义[J]. 人民论坛. 学术前沿，2022，（13）：45–55.